W0172370

Graeme Maxton

CHANGE!

Graeme Maxton

CHANGE!

Warum wir eine radikale Wende brauchen

Aus dem Englischen von Nina Sattler-Hovdar

Originalausgabe
1. Auflage 2018
Verlag Komplett-Media GmbH
2018, München/Grünwald
www.komplett-media.de
ISBN: 978-3-8312-0474-8
Auch als E-Book erhältlich

Hinweis: Das vorliegende Buch ist sorgfältig erarbeitet worden. Dennoch erfolgen alle Angaben ohne Gewähr. Weder Autor noch Verlag können für eventuelle Nachteile oder Schäden, die aus den im Buch gegebenen Hinweisen resultieren, eine Haftung übernehmen.

Übersetzung: Nina Sattler-Hovdar, Elixhausen/Salzburg
Lektorat: Redaktionsbüro Diana Napolitano, Augsburg
Korrektorat: Redaktionsbüro Julia Feldbaum, Augsburg
Umschlaggestaltung: Guter Punkt, München
Satz und Layout: Daniel Förster, Belgern
Druck & Bindung: CPI books GmbH, Leck
Printed in Germany

Inhalt

Vorwort

Ich bin kein Träumer

Ich bin keiner, der sich an Bäume kettet, nackt durch die Gegend radelt oder vegane Würstchen mag. Aber in den letzten sieben Jahren ist mir klar geworden, dass Menschen, die dies tun, uns anderen etwas sehr Wichtiges zu sagen haben: Die Menschheit muss aufhören, die Erde zu zerstören. Jahrhundertelang haben wir ihr zugesetzt – und konnten weiterleben wie bisher. Wir haben Müll im Meer entsorgt, Regenwälder gerodet und die Atmosphäre verpestet. Die Folgen waren nicht lebensbedrohlich. Bis jetzt.

Mit dem rasanten Wachstum der Weltbevölkerung in den letzten 50 Jahren und der damit einhergehenden Belastung der Umwelt steht der Menschheit eine Umweltkrise bevor, die in ihrer Dimension für die meisten sehr schwer zu verstehen ist. Und noch weniger Menschen scheinen zu begreifen, wie dringend wir handeln müssen. Unser Überleben steht auf dem Spiel, und die nächsten Jahrzehnte werden in keinster Weise einfach werden.

Ich habe dieses Buch geschrieben, um aufzuzeigen, warum es so weit gekommen ist und was wir dagegen unternehmen müssen. Ich möchte, dass Sie verstehen, wie ernst die Situation heute ist und was passieren wird, wenn wir so weitermachen wie bisher. Ich habe dieses Buch geschrieben, weil ein realistischer Blick in die Zukunft nötig ist, wenn wir eine noch größere Katastrophe für die Menschheit abwenden wollen.

Die Aufgabe, die vor uns liegt, erfordert einen Kraftakt auf allen Seiten. Dies vor allem deshalb, weil wir viele unserer ureigensten Überzeugungen hinterfragen und aufgeben müssen. Wir müssen uns von der Weltsicht lösen, die sich auf den »gesunden Menschenverstand«[1] beruft, und uns bewusst machen, dass es nicht mehr nur darum geht, den Klimawandel aufzuhalten, die Meere von Plastikmüll zu befreien und weiteres Artensterben zu verhindern. Es geht vielmehr darum, das ganze System der menschlichen Entwicklung, das über so viele Jahrhunderte so sorgfältig vorangebracht wurde, komplett zu überdenken. Das Wirtschaftssystem. Den Daseinszweck der Menschheit. Was wir unter Glück, Fortschritt und Freiheit verstehen. Diese Vorstellungen müssen sich radikal ändern. Falls die Menschheit ihre Umweltprobleme lösen und eine bessere Welt aufbauen will, muss sie nahezu alles hinterfragen, was ihr bisher normal erschienen ist.

Eine derartige Wende braucht seine Zeit. Viele Generationen. Diese Zeit haben wir aber nicht mehr. Wir müssen nicht nur unsere Vorstellung von »Fortschritt« neu definieren, sondern müssen von allem, was wir bisher aufgebaut haben, enorm viel niederreißen. Und das rasch. Tun wir das nicht, gibt es keine Chance mehr auf eine für das menschliche Leben sinnvolle Zukunft.

Eine Geschichte für die reiche Welt in vier Teilen

Im ersten Teil dieses Buches beschreibe ich das Problem. Ich erkläre, warum eine Wende nötig ist. Im zweiten Teil befasse ich mich damit, was geschieht, falls uns diese Wende nicht gelingt. Der dritte Teil geht darauf ein, welche Veränderungen konkret erforderlich sind. Der vierte und letzte Teil bietet einige Gedanken zum Aufbau neuer Fundamente, damit die Menschheit beim nächsten Mal besser scheitern kann.

Das Buch richtet sich hauptsächlich an die reiche Welt. Natürlich ist auch die arme Welt von den Umweltproblemen betroffen, oft sogar in verschärfter Form, aber es ist weitgehend die reiche Welt, die sie verursacht hat und die am besten in der Lage ist, sie zu lösen. Die arme Welt wird ebenfalls einen wesentlichen Beitrag leisten müssen, aber auf eine andere Art.

Das erste Drittel dieses Buches ist nicht gerade aufmunternd. Die Auseinandersetzung mit Klimaveränderungen ist deprimierend, besonders wenn einem klar wird, dass es noch schlimmer kommen wird, egal, was wir heute dagegen unternehmen. Das restliche Buch gleicht eher einer Achterbahnfahrt, mal geht es aufwärts, mal bergab. Manche Teile sind eher bedrückend. Andere Teile wiederum sind optimistisch.

Keine Frage: Die erforderliche Wende ist schwierig und kompliziert. Umso erfreulicher ist es, dass erstaunlich viele Menschen sie durchziehen möchten. Wenn diese Menschen dazu gebracht werden können, die Wende gemeinsam herbeizuführen, können wir es schaffen. Die Wahrscheinlichkeit, dass dies tatsächlich passiert, ist momentan zwar noch gering, wird aber immer größer. Ich selbst sehe die Zukunft jetzt, nachdem ich dieses Buch geschrieben habe, mit größerem Optimismus als davor. Vielleicht empfinden auch Sie ein wenig mehr Zuversicht, wenn Sie es gelesen haben. Ich hoffe sehr, dass es Sie zum Handeln anregt, denn wir können jede Hilfe gebrauchen, die wir kriegen.

2018 ist in so mancher Hinsicht ein besonderes Jahr. Vor genau 50 Jahren wurde der Club of Rome gegründet, ging der erste Big Mac über den Tresen und protestierten Studenten in den Straßen von Paris.

Der Club of Rome und das Buch *The Limits to Growth* (Die Grenzen des Wachstums)[2] mahnten schon damals Veränderungen an. Der Big Mac symbolisiert die ungesunde Lebensweise, die seit damals in unserer Gesellschaft Einzug gehalten hat. Die 68er-Bewegung erinnert uns daran, was manchmal nötig ist, damit sich das System verändert.

»Plutôt la vie!«, riefen die Studenten damals in Paris. »Lieber leben!«

Entscheiden wir uns doch alle lieber für das Leben.

Graeme Maxton
Zürich, August 2018

Für MuDrBuTR(DK)uXuAuXsCuS
und Robin und Alexina

Mit aufrichtigem Dank an Herbert Lenz für seine
Unterstützung und seine Anregungen sowie an
Klaus Fabry in Zürich, ohne den dieses Buch
nicht entstanden wäre.

Mein besonderer Dank gilt auch Ian Dunlop in
Australien, Nina Sattler-Hovdar in Österreich
und Mike Jewell in Taiwan.

Teil 1

DAS PROBLEM

*»Eine enorme Bastion aus Vorurteilen, Privilegien, Lügen,
Missbrauch, Gewalt, Ungleichheit und Dunkelheit steht in
dieser Welt, mit Türmen aus Hass. Sie muss fallen. Diese
monströse Masse muss zerbröckeln.«*

VICTOR HUGO, LES MISÉRABLES (ADAPTIERT)

Ein Buch für gestern, heute und morgen

Es gibt nur wenige Bücher, die an Bedeutung gewinnen, je älter
sie werden. Und nahezu keines hat Zukunftsszenarien entwickelt,
die sich 50 Jahre später als richtig erweisen würden.

Diese Geschichte beginnt mit einem dieser wenigen Bücher.

Es wurde 1972 von einem wissenschaftlichen Team am *Massachusetts Institute of Technology* (MIT) in Boston veröffentlicht und
befasste sich mit zukünftigen Wegen für die Menschheit. Um zu
verstehen, wie die Zukunft aussehen könnte, wählte das Team
fünf Langzeittrends zur Analyse aus: Bevölkerung, Nahrungsmittelproduktion, Industrieproduktion, Nutzung nicht erneuerbarer

Ressourcen und Umweltverschmutzung. Ausgehend von einer Grundannahme, die das Team als »Standard Run« beziehungsweise Standardszenario bezeichnete, analysierte es die komplexen Wechselbeziehungen zwischen den Variablen, um ihre Folgen für die menschliche Entwicklung zu verstehen. Ihre Ergebnisse veröffentlichten die Wissenschaftler in ihrem Buch *Die Grenzen des Wachstums*.

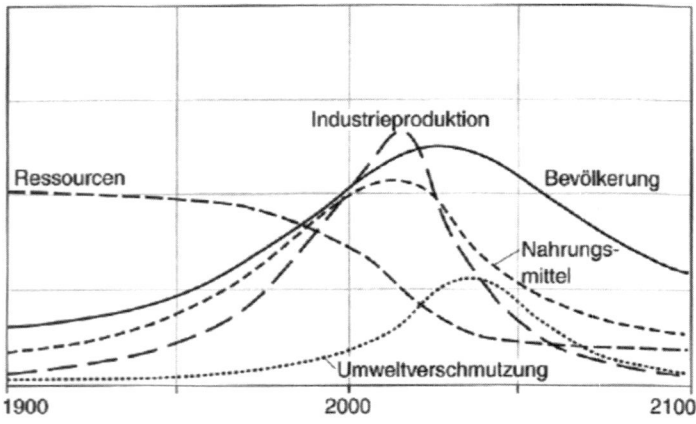

Die Grenzen des Wachstums – Standardszenario, Weltmodell »World 3«[3]

Die Grafik veranschaulicht das Standardszenario. Sie zeigt, wie sich die Menschheit entwickeln würde, wenn Bevölkerungswachstum, Nahrungsmittelproduktion, Industrieproduktion, Verschmutzung und Nutzung nicht erneuerbarer Ressourcen ihren jeweiligen Kurs unverändert beibehalten.

Das Ergebnis dieses Szenarios war erschütternd: Wenn wir nichts ändern, wird die menschliche Zivilisation zusammenbrechen, so das Fazit. Mit zunehmender Bevölkerung und Industrieproduktion würde die Verfügbarkeit nicht erneuerbarer Ressourcen sinken und der Verschmutzungsgrad der Umwelt steigen. Das ganze System würde aufgrund höherer Ressourcenkosten und größerer Verschmutzung instabil werden. Die Industrieproduktion würde dann sinken und die menschliche Bevölkerung schrumpfen. Noch erschreckender war, dass in praktisch jedem untersuchten Szenario dasselbe geschah. Wenn das Team die Annahme zugrunde legte, dass natürliche Ressourcen unbegrenzt verfügbar und die Verschmutzung unter Kontrolle sei, kam es ebenfalls zum Kollaps. Diesmal war die Ursache die begrenzte Verfügbarkeit von landwirtschaftlichen Flächen. Die Nahrungsmittelproduktion würde nicht ausreichen, um die wachsende Weltbevölkerung zu ernähren. Wurden dem Szenario unbegrenzte Ressourcen, kontrollierte Verschmutzung und doppelt so hohe landwirtschaftliche Produktivität zugrunde gelegt, brach das System ebenfalls zusammen. In diesem Fall lag es an der wachsenden Bevölkerung, welche die Industrieproduktion derart ansteigen ließ, dass die Verschmutzung nicht mehr kontrollierbar war. Wenn das Team das Modell mit nur sehr geringem Bevölkerungswachstum testete, kam es ebenfalls zum Kollaps. Es dauerte bloß ein paar Jahrzehnte länger. Im Szenario unbegrenzte Ressourcen, viel Recycling, doppelte Nahrungsmittelproduktion und minimales Bevölkerungswachstum brach das System ebenso zusammen. Die steigende Verschmutzung führte zu einer höheren Sterblichkeit und damit zu einer Krise. Auch bei konstanter Bevölkerung brach das System letztendlich zusammen.

Die einzigen Szenarien, die nicht zum Kollaps führten, waren jene, bei denen alle Faktoren stabilisiert wurden – Bevölkerung, Rohstoffnutzung und Industrieproduktion. Nur wenn diese annähernd auf dem Niveau der 1970er-Jahre gehalten wurden, blieb das System langfristig stabil. Aber auch in diesem Fall müsste man die Luftverschmutzung drastisch reduzieren, die Produkte für eine längere Nutzungsdauer konzipieren und die Nahrungsmittelproduktion reformieren.

In einer Zeit, als der Mensch gerade seinen ersten Schritt auf den Mond getan hatte und es so schien, als gäbe es keine Grenzen mehr für das, was der Mensch erreichen kann, warnte das Team am MIT vor einer drohenden Krise. Die menschliche Entwicklung würde zum Stillstand kommen, so ihre mahnenden Worte, falls wir uns wirtschaftlich und ökologisch nicht einbremsen. Die Grenzen der Nachhaltigkeit würden gesprengt werden. Das Team beschrieb auch, wie eng die Variablen zusammenhängen und dass komplexe Rückkopplungsprozesse, die oftmals erst mit Verzögerung greifen, nicht durch Technologie verändert werden können. Ein Mensch kann sich erst ab einem gewissen Alter fortpflanzen. Kapital und Bodennutzung können nicht einfach verlagert werden, um neue Bedürfnisse zu decken. Es dauert lange, bevor eine zunehmende Umweltverschmutzung messbare Folgen für die menschliche Gesundheit hat.

> »Wer glaubt, dass exponentielles Wachstum in einer begrenzten Welt unbegrenzt fortgesetzt werden kann, ist entweder verrückt oder Wirtschaftswissenschaftler.«
>
> *Kenneth Boulding, Wirtschaftswissenschaftler*

Aus ihrem Modell ging auch hervor, dass ein Zusammenbruch nicht schnell eintreten würde, zumindest nicht schnell im Sinne eines durchschnittlichen menschlichen Lebens. Niemand würde eines Tages aufwachen und feststellen, dass die Wirtschaft des Landes über Nacht ins Chaos gestürzt wäre. Das System würde nicht in sechs Monaten und auch nicht in sechs Jahren zusammenbrechen.

Der Prozess würde sich über Jahrzehnte hinziehen. Im Standardmodell trat der große Wendepunkt – an dem das Wachstum zum Stillstand kam und sich deutlich zurückzubilden begann – Mitte der ersten Hälfte des 21. Jahrhunderts ein, zwischen 2030 und 2040. Doch die Folgen des Zusammenbruchs würden bereits Jahrzehnte vorher und Jahrzehnte danach deutlich zu erkennen sein.

Denn große Umbrüche treten in der Geschichte der Menschheit nie plötzlich auf, auch wenn die Jahreszahlen der Geschichtsbücher vielleicht etwas anderes nahelegen. Es dauert lang, bis sich so viel Druck aufgebaut hat, dass Veränderungen als unausweichlich erkannt werden. Gesellschaftliche Entwicklungen schreiten langfristig voran, wirken sich oft erst mit Verzögerungen aus und sind komplexen Rückkopplungsprozessen unterworfen. Große Veränderungen können sich über Generationen hinziehen, mitunter auch länger, siehe einige der großen Wendepunkte in der Geschichte der Menschheit: Untergang des Römischen Reichs, Französische Revolution, Erster Weltkrieg, Zerfall der Sowjetunion. Die Stürme, die zu diesen historischen Umbrüchen führten, waren Jahrzehnte im Voraus bereits erkennbar, und ihre Folgen waren viele Jahrzehnte danach noch spürbar.

Warum ein Zusammenbruch so schwer zu erkennen ist

Das vergleichsweise langsame Tempo, in dem Veränderungen in komplexen Systemen stattfinden, macht es für die Betroffenen sehr schwer zu begreifen, was da passiert. Die Veränderungen scheinen so allmählich zu erfolgen, zumindest in Menschenleben gemessen, dass sie als normal empfunden und nicht erkannt werden. Und wenn diese Erkenntnis fehlt, lässt sich ein Zusammenbruch nur schwer aufhalten oder gar umkehren. Auch wenn letztlich doch ausreichend viele Menschen die Problematik erkennen, fällt es sogar diesen extrem schwer, die wahre Dimension der notwendigen Gegenmaßnahmen zu erfassen und zu verstehen, wie lange es dauert, bis ihre Handlungen tatsächlich etwas bewirken, und wie lange diese Handlungen durchgezogen werden müssen. Noch schwieriger ist es in der Regel, andere davon zu überzeugen, dass eine Veränderung notwendig ist. Denn die meisten Menschen denken kurzfristig. Ihnen fehlt das Wissen beziehungsweise die Erfahrung, um zu verstehen, welche Kräfte in komplexen Systemen langfristige Veränderungen bewirken.

Seit der Veröffentlichung vor 50 Jahren hat das wissenschaftliche Team die Daten rund um die Grenzen des Wachstums regelmäßig neu geprüft, so, wie auch viele anderen Experten. Manches musste berichtigt werden, aber im Wesentlichen haben sich die Zukunftsszenarien des Standardmodells als korrekt erwiesen. Bevölkerung, Ressourcennutzung, Industrieproduktion, Nahrungsmittel und Verschmutzung: Alle haben sich in den letzten 50 Jahren nahezu *exakt* so entwickelt wie in den Analysen des MIT-Teams vorhergesagt. Das Gros der Menschheit ist sich dessen zwar nicht bewusst, aber wir befinden uns mitten in einer schweren Krise, angetrieben von mächtigen, langfristigen sozialen und ökologischen Kräften, die extrem schwer zu verstehen und noch schwieriger zu kontrollieren sind.

Das sichtbarste Zeichen des beginnenden Zusammenbruchs ist der Klimawandel. Dieser ist bereits viel weiter fortgeschritten – und wesentlich weniger leicht reversibel –, als den meisten klar ist. Es gibt aber auch viele andere Anzeichen dafür, dass der Menschheit eine große Krise droht. Das Migrationsproblem zum Beispiel. Menschen verlassen aufgrund von wirtschaftlichen Strukturproblemen und den Auswirkungen des Klimawandels ihre Heimat. Das zunehmende Artensterben ist ein weiterer Indikator, ebenso die weitverbreitete Verschmutzung der Meere. Oder die steigende Anzahl bewaffneter Konflikte im Kampf um Bodenschätze. Der wachsende politische Extremismus und Populismus. Immer größere Ungleichheit.

Wie ich noch erklären werde, haben all diese Probleme dieselben Ursachen. Sie sind alle eine Folge davon, dass wir wirtschaftlich und ökologisch viel zu lang nicht vom Gaspedal gestiegen sind. Das sind keine Lämpchen, die am Dashboard rot aufleuchten, um uns zu warnen, dass wir mal halblang machen müssen. Sie sind vielmehr Anzeichen für ein System, das im Zerfall begriffen ist.

Dass jene Menschen, denen wir die Geschicke unserer Gesellschaft anvertraut haben, den Wissenschaftlern am MIT 1972 kein Gehör schenkten, ist jammerschade, geradezu fatal. Hätten sie auf sie gehört und gehandelt, wären wir vielleicht in der Lage gewesen, ein systemisches Problem zu verhindern, aus dem wir uns mittlerweile auf Jahrzehnte hinaus kaum werden befreien, egal, was wir tun. Hätte die Menschheit vor 50 Jahren das Entwicklungstempo deutlich gedrosselt, wäre ein jahrhundertelanger gedeihlicher Fortschritt machbar gewesen. Jetzt ist das nicht mehr möglich.

Für nachhaltige Entwicklung ist es zu spät

Da der Zusammenbruch bereits relativ weit fortgeschritten ist, lassen sich viele der gravierenden Folgen, die uns bevorstehen, mit keiner Maßnahme der Welt mehr verhindern. Das trifft ganz besonders auf den Klimawandel zu. Auch wenn die gesamte Welt morgen schon aufhören würde, Treibhausgase zu produzieren, würde die Temperatur auf der Erde unaufhörlich weiter steigen, und es würde Jahrhunderte dauern, bis die CO_2-Konzentration in der Atmosphäre wieder auf ihr vorindustrielles Niveau gesunken wäre.

Statt den Zusammenbruch zu verhindern, wie dies 1972 noch möglich gewesen wäre, geht es heute darum – und das ist die große Herausforderung –, den Zusammenbruch in kontrollierbare Bahnen zu lenken und seine langfristigen Folgen zu reduzieren. Nichts davon geschieht. Die Menschheit steuert geradewegs und immer schneller auf eine noch viel schlimmere Krise zu, die ihr langfristiges Überleben ernsthaft infrage stellt.

Eine schwierigere Zukunft zu verhindern wird nicht einfach werden. Das Problem zu lösen ist jetzt so dringlich, dass wir es nicht mehr unseren Kindern und Enkeln überlassen können. Bis dahin wäre es nämlich schon zu spät. Ob die Menschheit auch nur in annähernd ähnlicher Form wie jetzt überleben kann, hängt davon ab, was *wir in den nächsten 20 Jahren* tun. Mehr Zeit bleibt uns nicht. Nur 20 Jahre haben wir noch Zeit, um die destruktiven Elemente unserer Wirtschaftssysteme abzubauen und darüber nachzudenken, wie wir eine beständigere Zivilisation aufbauen können.

Da die Menschheit so lange nicht erkannt hat, was wir mit der Erde anrichten, und da wir bereits so viel Zeit verloren haben, müssen wir weitaus radikalere Maßnahmen ergreifen, als den meisten lieb ist. Diese Veränderungen werden viel kosten und das Bruttoinlandsprodukt (BIP) der reichen Welt schmälern, zumindest für eine gewisse Zeit. Wenn wir jedoch zögern oder die nötige Wende nicht radikal vollziehen, werden wir einen noch höheren Preis zahlen, und die meisten heute lebenden Menschen wären einer trostlosen Zukunft ausgeliefert, die sie auch mit größter Anstrengung nicht mehr ändern können.

Das ist das Problem. Im zweiten Teil werde ich genau erklären, was geschieht, wenn wir nichts ändern.

Teil 2

WAS GESCHIEHT,
WENN SICH DIE MENSCHHEIT
NICHT ÄNDERT?

»Die Menschheit muss aufgerüttelt, gestoßen und grob
behandelt werden, zum Wohle ihrer eigenen Erlösung.
Die Wahrheit muss ihren Augen schmerzen, Licht muss
in erschreckender Fülle auf sie geschleudert werden.
Die Menschheit muss ihr Schicksal wie vom Blitz getroffen
erkennen; diese Blendung erst wird sie wecken.«

VICTOR HUGO, LES MISÉRABLES (ADAPTIERT)

Ist da jemand?

Im Lauf der letzten 60 Jahre haben Hunderte von Autoren
mit Büchern, Artikeln, wissenschaftlichen Aufsätzen und Do-
kumentarfilmen versucht zu erklären, wie ernst es um unsere
Umwelt bestellt ist. Einige davon, etwa Rachel Carson mit *Der*

stumme Frühling, der Club of Rome mit *Die Grenzen des Wachstums* und Al Gore mit *Eine unbequeme Wahrheit* haben eine Zeit lang für Aufmerksamkeit gesorgt. Aber ihre Botschaften kamen nicht an. Sie wurden nicht verstanden. Sonst hätte sich etwas geändert. Die Umweltprobleme haben sich seither weiter verschärft und sind jetzt so gravierend, dass uns nur mehr eine radikale Wende retten kann.

Es gibt viele Gründe, warum die Botschaften nicht verstanden wurden. Manchmal wurde die Botschaft ungeschickt vorgebracht, oder die Empfehlungen waren unklar und verwirrend. Oft ist es natürlich so, dass wir schlicht nichts ändern wollen, speziell wenn wir nicht wissen, was dabei herauskommt. Oder weil wir Angst haben, dass Veränderungen zu viel kosten und der Wirtschaft schaden würden. Oder weil wir glauben (wollen), das Problem wird durch die UN-Agenda 2030 mit ihren 17 Zielen für nachhaltige Entwicklung oder durch das Pariser Klimaabkommen gelöst. Es gibt viele Gründe, warum die Botschaften nicht verstanden wurden, und ich werde in diesem Buch auf diese Gründe eingehen.

Der Hauptgrund ist jedoch, dass den meisten Menschen nicht klar ist, wie langsam sich die negativen Rückkopplungsprozesse der Natur auswirken.

Die Menschheit hat im Lauf der Geschichte großteils *positive* Rückkopplungsprozesse erlebt – Aufwärtsspiralen des Fortschritts, bei denen stets eine positive Entwicklung zur nächsten führte. Großartige Erfindungen der Wissenschaft und Technik haben die Säuglingssterblichkeit reduziert. Die Fortschritte in der Medizin und in der Landwirtschaft haben die Lebenserwartungen immer weiter steigen lassen. Folglich ist die Bevölkerung immer weiter gewachsen und mit ihr die Wirtschaft. Das ist ein positiver Rückkopplungsprozess. Ein anderes Beispiel sind Investitionen von Unternehmen, durch die neue Arbeitsplätze geschaffen werden. Dadurch haben mehr Menschen mehr Geld, das sie ausgeben können, was wiederum die Nachfrage ankurbelt. Der steigende Konsum lässt die Wirtschaft wachsen, und so werden weitere Investitionen getätigt und weitere Arbeitsplätze geschaffen.

Negative Rückkopplungsprozesse funktionieren genau andersherum. Beispiel: Wenn die Inflation zu hoch ist, sinken die Verbraucherausgaben. Arbeitsplätze gehen verloren, und die Wirtschaft gerät in eine Rezession. Es entwickelt sich eine Abwärtsspirale, ein negativer Rückkopplungsprozess.

Der moderne Mensch hat großteils sehr wenig Erfahrung mit negativen Rückkopplungsprozessen. Jahrhundertelang hatten die technischen und wirtschaftlichen Fortschritte der Menschheit nur geringe Auswirkungen auf die Umwelt. Wir haben uns zu immer höheren Entwicklungsstufen gegraben, gefischt, geschlachtet, gefällt, gesprengt und gebrannt, und dem Planeten Erde schien das nichts auszumachen. Nichts schien spürbar darunter zu leiden, außer ein paar Wale und Fische. Einige Flüsse und die Atmosphäre waren eine Zeit lang arg verschmutzt, erholten sich aber weitgehend wieder. Tiere, wie zum Beispiel der Dodo, verschwanden, aber ohne spürbare Folgen für die Menschheit. Wälder wurden abgeholzt, als Ersatz wurden andere aufgeforstet.

Da die Aktivitäten des Menschen innerhalb der Grenzen der Natur erfolgten, gingen wir davon aus, so ziemlich alles tun zu dürfen, was wir wollten. Das hat sich jetzt geändert. Die menschliche Bevölkerung ist in sehr kurzer Zeit so stark gewachsen, dass sich das Tempo und Ausmaß der Umweltzerstörung rasant beschleunigt hat. Der Schaden, der in den letzten 50 Jahren angerichtet wurde, ist viel größer als je zuvor.

Infolgedessen hat der Mensch einen sehr großen negativen Rückkopplungsprozess ausgelöst, und die Reaktion der Natur wird zusehends sichtbar. Am deutlichsten zeigt sich dies im Klimawandel, aber auch die steigende Versauerung der Meere und das zunehmende Artensterben sind eindeutige Zeichen. Gletscher und die Polkappen schmelzen, die Stürme werden heftiger und die Dürreperioden länger. Die Meeresspiegel steigen, und das immer schneller.

Das Problem ist deshalb so schwierig zu lösen, weil alles in einem derart großen Ausmaß geschieht, dass es für die meisten von uns schwer zu erfassen ist. Die ganze Erde verändert sich, aber die Reaktion der Natur ist aus menschlicher Sicht vergleichsweise langsam und daher für die meisten kaum erkennbar. Tatsächlich hat sich die Veränderung jedoch, erdgeschichtlich betrachtet, in Lichtgeschwindigkeit vollzogen. Für die Menschheit kann es allerdings eine Generation dauern, bis die vollen Auswirkungen für jeden unübersehbar sind. Dass sich die Veränderung so langsam bemerkbar macht, hat zur Folge, dass jegliche Gegenmaßnahme ebenfalls lange braucht, um spürbare Wirkung zu zeigen.

Aus all diesen Gründen, und noch mehr, fällt es den meisten von uns sehr schwer zu verstehen, was da passiert. Da die Veränderungen auf der Erde so schleichend vonstattengehen und die Folgen des Klimawandels das Vorstellungsvermögen der meisten übersteigt und ohnehin – so scheint es – erst in ferner Zukunft real werden, haben wir es versäumt, frühzeitig und rasch zu handeln.

Die Herausforderung liegt nicht darin, die Veränderungen aufzuhalten. Das ist gar nicht mehr möglich. Unsere Aufgabe ist es, den negativen Rückkopplungsprozess so weit in den Griff zu bekommen, dass er nicht außer Kontrolle gerät.

Um zu verstehen, warum das unsere Aufgabe ist, müssen wir erst die grundlegenden Fakten verstehen – was zurzeit passiert und was passieren wird, wenn wir nichts ändern. Es mag überraschen, aber tatsächlich ist es möglich, die Entwicklung der kommenden Jahrzehnte mit erstaunlicher Genauigkeit einzuschätzen.

Die Natur zieht nach

Infolge der industriellen Revolution und des Bevölkerungswachstums der letzten 200 Jahre hat die Menschheit immer größere Mengen an Treibhausgasen produziert. Als Treibhausgase werden sie deshalb bezeichnet, weil sie einen Teil der von der Sonne abgestrahlten Hitze aufnehmen und speichern, ähnlich wie ein Treibhaus. Statt aber Tomaten und Erdbeeren reifen zu lassen, erwärmt dieses Treibhaus die Erde.

Die für die Erderwärmung hauptverantwortlichen Gase sind Kohlendioxid (CO_2), Methan (CH_4) und Stickoxid (N_2O). Zu den weiteren Treibhausgasen gehören die fluorierten Gase. Dabei handelt es sich oft um Ersatzsubstanzen für die ozonschädigenden Gase, aus deren Ausstieg sich die Staatengemeinschaft in den 1980er-Jahren geeinigt hat. Der Wasserdampfanteil in der Atmosphäre ist ebenfalls laufend gestiegen und wirkt sich dort wärmend aus. Diese Feuchtigkeitszunahme ist jedoch eine *Folge* des Klimawandels, nicht dessen *Ursache*. Da warme Luft mehr Wasserdampf speichert als kalte Luft, steigt die Verdunstung der Meere. Größere Mengen an Feuchtigkeit werden innerhalb kürzerer Zeit in die Luft abgegeben und kehren als Regen und Schnee wieder auf die Erde zurück. Der Wasserkreislauf wird beschleunigt, was dazu führt, dass feuchte Regionen noch feuchter werden, und trockene Gebiete noch mehr austrocknen. Wasserdampf verstärkt den Effekt der anderen Treibhausgase und – was noch gravierender ist – bleibt in der Luft gespeichert, bis die Oberflächentemperatur sinkt. Das wird noch Jahrhunderte dauern. Daher bleibt Wasserdampf auch dann, wenn wir keine Treibhausgase mehr produzieren, aufgrund seines eigenen Wärmeeffekts noch lange in der Atmosphäre erhalten.

Der Großteil des Kohlendioxids in der Atmosphäre kommt von den Meeren. CO_2 wird aber auch produziert, wenn Tiere atmen, Pflanzen verrotten, Vulkane ausbrechen – und durch viele andere Vorgänge. Es gibt außerdem natürliche CO_2-Quellen. Sobald das Gas in die Atmosphäre gelangt, wird es mittels Fotosynthese wieder von Pflanzen und Wäldern absorbiert, ebenso von den Meeren. Aber das dauert sehr lang.

Seit dem späten 18. Jahrhundert ist der CO_2-Gehalt in der Atmosphäre um mehr als 45 Prozent gestiegen, nahezu ausschließlich durch menschliches Zutun. Vor der industriellen Revolution betrug die CO_2-Konzentration in der Atmosphäre rund 280 ppm (parts per million, Teile pro Million). Das heißt, auf volumenmäßig eine Million Teile Luft kamen 280 Teile CO_2. Heute beträgt der Anteil 410 ppm und steigt jährlich um zwei bis drei ppm weiter an.[4] Die weitaus größte Ursache für diese Zunahme der CO_2-Emissionen ist die Verbrennung von fossilen Brennstoffen – Kohle, Erdöl und Erdgas. Der Rest wird meist in der Landwirtschaft ausgestoßen, insbesondere durch Brandrodung und Abholzung, sowie in der Zementproduktion. Da mehr CO_2 ausgestoßen wird, als die Natur absorbieren kann,[5] baut sich der Überschuss in den Luftmassen über uns auf, speichert einen Teil der Hitze aus der Sonneneinstrahlung und verursacht so eine allmähliche Erwärmung der Erde.

Da CO_2 nur extrem langsam wieder von der Natur absorbiert wird, bleibt der CO_2-Überschuss jahrhundertelang in der Atmosphäre gespeichert. Das ist einer der Gründe, weshalb der Klimawandel auch dann ein Problem bleibt, wenn die Menschheit ab sofort kein CO_2 mehr produzieren würde.

Das zweitwichtigste Treibhausgas nach CO_2 ist Methan. Zwar reichert sich Methan in viel geringeren Konzentrationen in der Atmosphäre an und bleibt dort auch nur rund zehn Jahre gespeichert, seine Treibhauswirkung ist aber rund 30-fach höher als die von Kohlendioxid.

Seit 1750 ist die Methankonzentration in der Atmosphäre von rund 720 ppb (parts per billion, Teile pro Milliarde) auf rund 1.850 ppb[6] gestiegen. Mit anderen Worten: Der Anteil von Methan in der Atmosphäre hat sich im Vergleich zum vorindustriellen Zeitalter um das 2,5-fache erhöht und ist so hoch wie zuletzt vor 800.000 Jahren.

Methan entsteht beim Zerfall von organischem Material und durch vulkanische Aktivität, wird aber auch durch menschliches Tun freigesetzt – aus Mülldeponien, von Nutzvieh beim Verdauen ihrer Nahrung und bei der Produktion von fossiler Energie. Menschengemachte Emissionen sind heute für rund zwei Drittel des Methans in der Atmosphäre verantwortlich.

Eine weitere Quelle ist seit 2014[7] bekannt. Sie resultiert aus der globalen Erwärmung – einem weiteren negativen Rückkopplungseffekt. Der Permafrost auf der sibirischen Halbinsel Jamal taut auf und setzt die seit zigtausend Jahren eingeschlossenen Gase frei. Dabei wird nicht nur Methan abgegeben, sondern auch CO_2 in großen Mengen sowie tödliche Anthrax-Sporen, die seit Jahrtausenden im Boden eingefroren und inaktiv waren. Rentierherden und Teile der lokalen Bevölkerung wurden bereits angesteckt.

Das dritte Treibhausgas, Stickoxid (N_2O, auch als Lachgas bekannt), wird in der Landwirtschaft und Industrie sowie bei der Verbrennung fossiler Brennstoffe freigesetzt. Der Wärmeeffekt von Stickoxid beträgt das 300-fache von Kohlendioxid und bleibt rund hundert Jahre in der Atmosphäre gespeichert. Die Stickoxidkonzentration war rund 800.000 Jahre lang recht stabil bei rund 260 ppb. In den letzten hundert Jahren ist die Konzentration jedoch um mehr als ein Drittel gestiegen; sie beträgt heute rund 330 ppb.[8]

Wir haben so viel erreicht – wollen wir das wirklich alles zerstören?

Die heutigen Treibhausgaskonzentrationen in der Atmosphäre sind die höchsten seit vielen hunderttausend Jahren. Und sie nehmen auch immer schneller zu: Seit den 1970er-Jahren sind die menschengemachten CO_2-Emissionen um 90 Prozent gestiegen.[9] Der Großteil davon entfällt auf das Verbrennen fossiler Brennstoffe beim Heizen, Kühlen, zur Stromerzeugung, in der Industrie und im Verkehr. Die größten Verursacher sind derzeit China, USA, die EU und Indien. Historisch gesehen waren es in den letzten 150 Jahren jedoch vor allem die USA und Europa, insbesondere Großbritannien.

EMISSIONEN IM JAHR 2014

Emissionen nach Arten von Gasen

CO_2, fossile Brennstoffe und industrielle Prozesse	65 %
CO_2, Forstwirtschaft und sonstige Bodennutzung	11 %
Methan	16 %
Stickoxid	6 %
Fluorierte Gase	2 %

Emissionen nach Wirtschaftssektoren

Wärme- und Stromerzeugung	25 %
Land- und Forstwirtschaft und sonstige Bodennutzung	24 %
Gebäude	6 %
Verkehr	14 %
Industrie	21 %
Sonstige Energie[10]	10 %

Emissionen nach Ländern[11]

China	30 %
USA	15 %
EU-28	9 %
Indien	7 %
Russische Föderation	5 %
Japan	4 %
Andere Länder	30 %

Quelle: IPCC[12]

EMISSIONEN 1850–2007

Kumulative Emissionen nach Ländern

USA	29 %
China	9 %
Russische Föderation	8 %
Deutschland	7 %
Großbritannien	6 %
Japan	4 %
Frankreich	3 %
Indien	2 %
Kanada	2 %
Ukraine	2 %
Andere Länder	18 %

Historische Emissionen pro Kopf

Luxemburg*	1.429 Tonnen
Großbritannien	1.127 Tonnen
USA	1.126 Tonnen
Belgien	1.026 Tonnen
Tschechische Republik	1.006 Tonnen
Deutschland	987 Tonnen
Estland	877 Tonnen
Kanada	780 Tonnen
Kasachstan	682 Tonnen
Russische Föderation	666 Tonnen

Quelle: World Resources Institute[13]

* Das hohe Emissionsniveau in Luxemburg ist großteils durch Verkehrsemissionen bedingt. Diese werden daran gemessen, wie viel Kraftstoff im Land verkauft wird, nicht, wie viel verbrannt wird. Luxemburg ist klein, und viele Autofahrer kaufen Kraftstoff auf der Durchfahrt. Dadurch werden die Emissionen pro Einwohner stark verzerrt.

Die Konzentration dieser Gase in der Atmosphäre wird weiter steigen, unabhängig davon, was wir jetzt unternehmen. Auch wenn die Menschheit ab sofort keine Emissionen mehr produzieren würde, würde weiterhin Stickoxid aus den in die Böden eingebrachten Düngemitteln, Methan aus den Mülldeponien und Kohlendioxid aus den abgeholzten Wäldern aufsteigen. Auch die klimatischen Auswirkungen der in den letzten Jahrzehnten ausgestoßenen Gase würden zunehmen, bedingt durch Verzögerungen im atmosphärischen System.

Bisher haben die zusätzlichen Gase zu einer Erwärmung der durchschnittlichen Oberflächentemperatur um rund 1 °C geführt – von durchschnittlich 14 °C im 20. Jahrhundert auf aktuell 15 °C, allerdings mit regionalen Unterschieden. In manchen Regionen ist der Anstieg sogar wesentlich höher. Außerdem hat sich das Tempo der Veränderung in den letzten 50 Jahren verdoppelt.

1 °C mehr klingt nach wenig, ist tatsächlich aber eine gewaltige Veränderung. Man stelle sich die Erde wie den menschlichen Körper vor – beide sehr fein abgestimmte biologische Mechanismen. Wenn die Temperatur unseres Körpers von 37 °C um 1 °C steigt, gilt das aus medizinischer Sicht als Fieber. Bei einem Anstieg um 2 °C auf dauerhaft 39 °C besteht Lebensgefahr.

Laut Empfehlung des International Panel on Climate Change (IPCC) sollte der Anstieg der Durchschnittstemperatur in Anbetracht der langfristigen Konsequenzen insgesamt unter 1,5 °C (im Vergleich zur vorindustriellen Zeit) bleiben. In wissenschaftlichen Kreisen ist man sich einig, dass der Anstieg weniger als 2 °C betragen muss. 2 °C würde unsere Erde klimatisch um zehn Millionen Jahre zurück versetzen. Das meiste Eis würde schmelzen. Wenn wir es zulassen, dass die Durchschnittstemperatur um 4 °C steigt – was der aktuellen Prognose für

2100 entspricht, sofern nichts geändert wird – kippt die Erde klimatisch in einen Zustand wie vor über 40 Millionen Jahren, in eine Zeit, als es keine Polkappen und Gletscher gab. Zu beachten ist dabei – und das ist wichtig zu verstehen –, dass dieser Schmelzprozess extrem langsam vonstattengehen wird. Es wird Jahrhunderte dauern. Wenn der Anstieg der Durchschnittstemperatur jedoch 4 °C erreicht, lässt sich der Prozess nicht mehr aufhalten.

So kommt es, dass aufgrund der Verzögerungen im System und der Tatsache, dass Treibhausgase auch dann weiter aufsteigen, wenn die Menschheit keine mehr produziert, es ab 2020 nicht mehr möglich ist, den Anstieg der Durchschnittstemperatur auf unter 1,5 °C zu halten.[14] Aufgrund der Verzögerungen im System werden wir die Auswirkungen dieser Temperaturzunahme allerdings erst Anfang oder Mitte der 2030er-Jahre vollends zu spüren bekommen. Zu diesem Zeitpunkt wird die Erde jedoch bereits einen der »Kipppunkte« erreicht haben – Schwellenwerte, bei denen das Ökosystem kippt –, vor denen uns das IPCC warnt.

Falls wir nicht radikal und rasch handeln, werden wir aber auch den Anstieg um 2 °C nicht mehr verhindern können, und das hätte noch viel gravierendere Folgen. Das wissen wir aufgrund von zwei Berechnungen:

Klimaexperten haben berechnet, dass bei einer Zunahme der CO_2-Konzentration in der Atmosphäre auf 450 ppm ein Anstieg um 2 °C unvermeidbar ist. 2018 betrug die Konzentration 410 ppm,[15] und sie steigt jedes Jahr exponentiell um 2 bis 3 ppm. Wenn sich das fortsetzt, wäre der Schwellenwert von 450 ppm daher, einfacher Arithmetik zufolge, Mitte der 2030er-Jahre erreicht. Das bedeutet jedoch nicht, dass die Durchschnittstemperatur Mitte der 2030er-Jahre um 2 °C gegenüber der vorindustriellen Zeit gestiegen sein wird. Aufgrund von Verzögerungen wird dies nämlich erst 15 Jahre später der Fall sein. Aber das bedeutet, dass es ab Mitte der 2030er-Jahre nicht mehr möglich sein wird, den Anstieg der globalen Durchschnittstemperatur um 2 °C zu verhindern.

Eine andere Möglichkeit zur Berechnung des Risikos betrifft den CO_2-Gesamtausstoß. Zwischen 1850 und 2017 hat die Menschheit knapp über 2.140[16] Gigatonnen CO_2, also 2.140 Milliarden Tonnen, in die Atmosphäre abgegeben. Derzeit stoßen wir jährlich 37 Gigatonnen durch die Verbrennung fossiler Brennstoffe aus und weitere sechs Gigatonnen aufgrund von Veränderungen in der Bodennutzung. Um eine Zunahme um 2 °C zu vermeiden, müssen wir laut Berechnungen der Wissenschaftler unser verbleibendes CO_2-Budget auf einen Ausstoß unter 720 Gigatonnen beschränken. Ausgehend von der aktuellen Produktion bleiben uns also weniger als 20 Jahre. Auch hier kommen wir auf dieselbe kritische Jahreszahl wie bei der 2-Grad-Erwärmung: 2035 ist der Kipppunkt erreicht, ab dem die Entwicklung unaufhaltbar ist.

Auch dann bestünde laut dem IPCC aufgrund der Unsicherheiten hinsichtlich der komplexen Rückkopplungsprozesse nur eine 66-prozentige Wahrscheinlichkeit, dass wir das 2-Grad-Ziel erreichen.[17] Wenn die Menschheit bereit ist, eine Wahrscheinlichkeit von nur 50 Prozent in Kauf zu nehmen, haben wir etwas länger Zeit, nämlich bis 2043 (Stand 2018), sofern sich die *derzeitigen* Emissionsmengen nicht erhöhen. Wenn die Treibhausgasemissionen jedoch steigen, würde sich die Zeit verkürzen. Bis dahin zu warten wäre allerdings hochriskant. Es wäre ein Hasardspiel um die Zukunft der Menschheit. Oder würden Sie ein Flugzeug besteigen, wenn die Wahrscheinlichkeit, Ihr Ziel zu erreichen, nur 50 Prozent beträgt?

Fazit: Sofern wir den Ausstoß nicht drastisch reduzieren, wird die Konzentration der Treibhausgase in der Atmosphäre den kritischen Temperaturanstieg von 2 °C um das Jahr 2035 herum erreichen. Die Chance, unter 1,5 °C zu bleiben, so, wie das IPCC und das Pariser Klimaabkommen es empfehlen, haben wir praktisch bereits vertan.

Wie ein großflächiger Atomkrieg, nur anders

Der Anstieg um 2 °C ist deshalb so gefährlich, weil damit ein weiterer Kipppunkt überschritten und eine wesentlich schwerwiegendere Kettenreaktion ausgelöst wird. Der Westantarktische sowie der Großteil des Grönländischen Eisschilds werden verschwinden, ebenso wie das Eis der Arktis, obwohl auch das lange dauern wird. Eis reflektiert Hitze. Je kleiner die Eisdecke daher wird, desto mehr Sonnenenergie wird von der Erde absorbiert. Die Meeresspiegel, die aufgrund der thermischen (wärmebedingten) Ausdehnung der Wassermassen derzeit steigen,[18] werden mit dem Schmelzen der Eismassen noch viel mehr steigen. Auch die riesigen Permafrostdecken Sibiriens und Kanadas werden rascher auftauen, und dabei gewaltige Mengen an bisher eingeschlossenem Methan und CO_2 freisetzen. Die Regenwälder werden zunehmend vertrocknen und sterben, wodurch noch mehr CO_2 in die Atmosphäre gelangt. Sobald die 2-Grad-Schwelle erreicht ist, wird sich die Erwärmung daher immer weiter beschleunigen und zum Ende des Jahrhunderts knapp 4 °C betragen, und danach noch mehr (→ siehe Grafik »Die Oberflächentemperatur der Erde erwärmt sich immer schneller« auf Seite 36). Man befürchtet des Weiteren, dass die großen Meeresströmungen, bekannt als die *thermohaline Zirku-*

lation, zusammenbrechen und dadurch noch größere Temperaturveränderungen verursachen könnten.

Diese Veränderungen sind so groß, dass es für die Menschheit nahezu unmöglich sein wird, auch nur annähernd so weiterzuleben wie jetzt. Gemäß der Weltbank[19] hätte der bis 2100 zu erwartende Temperaturanstieg sogar bei Einhaltung des Pariser Abkommens aufgrund der klimabedingten Migration enorme Folgen, und sei, in den Worten von Professor Kevin Anderson vom Tyndall Center for Climate Change Research, »mit einer organisierten globalen Gemeinschaft nicht vereinbar«.[20] Hans Joachim Schellnhuber[21] vom Potsdam-Institut für Klimafolgenforschung hält es für schwierig, dass unter solchen Bedingungen eine Bevölkerung von mehr als einer Milliarde Menschen überleben kann. Das entspricht der Vernichtung von 90 Prozent des menschlichen Lebens. Andere Schätzungen gehen davon aus, dass kaum 500 Millionen überleben könnten, mit der Begründung, dass dieser Temperaturanstieg »jenseits der Anpassungsfähigkeit« sei.[22] Dabei berücksichtigen diese Prognosen noch gar nicht die Konsequenzen aus den Konflikten, die sich aus dem Überlebenskampf der Menschen ergeben werden – wenn sie um Zugang zu Wasser, Nahrung und Obdach angesichts steigender Meeresspiegel und anhaltender Dürre kämpfen.

Auch in den optimistischsten Prognosen des IPCC muss die Menschheit, um den Anstieg der Durchschnittstemperatur auf unter 2 °C zu halten, einen Großteil der bisherigen CO_2-Emissionen in die Atmosphäre abbauen. Dafür wäre ein großflächiger Einsatz von Maßnahmen zur CO_2-Abscheidung und -Speicherung erforderlich – eine Technologie, die unter dem Akronym CCS (*Carbon Capture and Storage*) bekannt ist. Die IEA (Internationale Energieagentur) geht davon aus, dass 2050 weltweit 3.400 CCS-Anlagen dazu nötig sein werden.[23] Diese müssten mehrere jahrzehntelang unter Volllast laufen, um die CO_2-Konzentration in der Atmosphäre auf ein sicheres Niveau zu verringern. Die Technologie steckt allerdings noch in den Kinderschuhen. Sie ist außerdem teuer, und keiner weiß aktuell, wer sie bezahlen wird und wie das abgeschiedene Gas so gespeichert werden kann, dass es nie wieder in die Atmosphäre gelangt.

Eine alternative Möglichkeit besteht darin, das überschüssige CO_2 organisch zu speichern, indem man etwa jede Menge Bäume pflanzt. Das Problem ist dabei nicht nur die schiere Anzahl der Bäume, die angepflanzt werden müssten (die USA allein bräuchten 500 Milliarden[24] Bäume, um ihre CO_2-Emissionen auszugleichen), und wie lange diese wachsen müssten, sondern die Tatsache, dass auch diese Bäume bloß eine vorübergehende Speicherung ermöglichen. Bäume leben meist jahrzehnte-, manchmal auch jahrhundertelang, bevor sie sterben und ihr CO_2 ausscheiden. Die Menschheit braucht jedoch einen CO_2-Speicher, der für immer hält. Ein weiteres Problem besteht darin, dass der Klimawandel für viele Bäume Stress bedeutet, etwa für jene in tropischen Regenwäldern oder für den alten afrikanischen Affenbrotbaum (Baobab), und ihr Leben verkürzt. Außerdem lösen Bäume weder die Probleme der Versauerung der Meere noch befreien sie die Atmosphäre von anderen Treibhausgasen. Sie sind bestenfalls eine temporäre Lösung, und auch das nur für Teile des Problems.

Sofern in den nächsten 20 Jahren keine radikale Wende stattfindet, werden die Meeresspiegel bis zum Ende des Jahrhunderts um knapp einen Meter und in den folgenden Jahrhunderten um bis zu 70 Meter steigen. Ein Anstieg um nur einen Meter hat gravierende Konsequenzen für große Teile von Bangladesch, das chinesische Perlflussdelta, Jakarta, New York, Miami, London, die Niederlande, Shanghai und viele andere Gebiete. Zigmillionen von Menschen würden aus ihrer Heimat vertrieben werden. Ich vermute, dass einige von Ihnen spätestens an diesem Punkt schockiert sind und sich fragen, wie die Zukunft so düster aussehen kann, wo doch so viel Geld in die Lösung des Problems gepumpt wird? Wie kann es so schlimm sein, wenn so viel erneuerbare Energie entwickelt wird, so viele Elektrofahrzeuge gebaut werden und international so viel unternommen wird, um den Problemen zu begegnen?

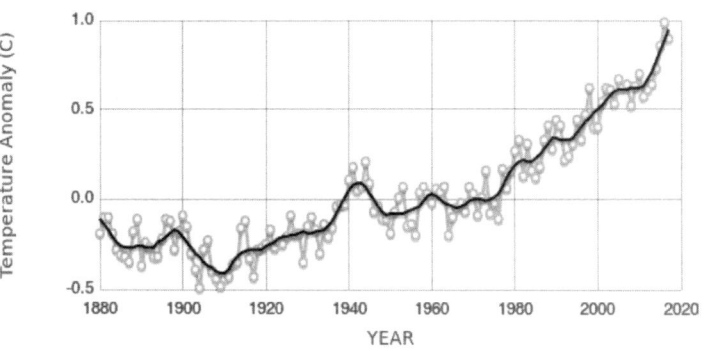

Source: climate.nasa.gov

Die Oberflächentemperatur der Erde steigt immer schneller.[25]

Fakt ist, dass alle diese Bemühungen bislang so gut wie nichts gebracht haben, und vor allem keine auch nur annähernd ausreichende Wende in den nächsten 20 Jahren bringen werden. Trotz der Investitionen in erneuerbare Energien sind die Treibhausgasemissionen so hoch wie noch nie und steigen weiter. In den Meeren schwimmt immer mehr Plastik, und immer mehr Arten sterben. Und obwohl so viel Geld in erneuerbare Energien investiert worden ist, erzeugt die Menschheit weiterhin mehr als 80 Prozent ihres Stroms aus Kohle, Öl und Gas. Geht man von den aktuellen und geplanten Investitionen aus, wird Energie auch nach 2030 noch großteils aus diesen Rohstoffen produziert werden.

Elektrofahrzeuge verschärfen das Problem sogar vielerorts, da sie die Mengen an CO_2-Emissionen entgegen landläufigen Erwartungen *erhöhen*. In China, wo Strom hauptsächlich aus Kohle gewonnen wird, und auch in weiten Teilen Europas, vergrößern Elektrofahrzeuge daher den CO_2-Fußabdruck.

Auch die UN-Ziele für nachhaltige Entwicklung sind fehlgeleitet und widersprüchlich. Die 17 Ziele (Goals) und 169 Zielvorgaben (Targets) fördern weiteres Wirtschaftswachstum und industrielle Entwicklung und forcieren die Anschauung, dass sich die Weltsicht der Menschheit nicht grundlegend verändern muss. Sie zielen darauf ab, mittels Wirtschaftswachstum Armut und Hunger zu beenden, und verlangen gleichzeitig, das Leben auf der Erde zu schützen. Beides zugleich geht aber nicht. Die nachhaltigen Ziele sind zwar an sich ein löblicher Schritt, gehen aber noch nicht in die richtige Richtung. Auch das Pariser Klimaabkommen wird eine Klimakatastrophe nicht abwenden, nicht einmal dann, wenn sich jedes Land an seine zugesagten Emissionsgrenzen halten würde. Die globale Durchschnittstemperatur würde bis zum Ende des Jahrhunderts dennoch um 3 °C steigen.

Ohne radikales Umdenken zieht eine Katastrophe auf, und zwar unweigerlich. Zum ersten Mal in der Geschichte der Menschheit wird eine Generation eine klare Vorstellung davon haben, was ihre Kinder erwartet: unkontrollierbarer Klimawandel und Konflikte.

Die fossile Energiewirtschaft wiegelt ab

Ein weiterer Grund dafür, dass die Situation so verkannt wird, liegt in den unzähligen Debatten darüber, in welchem Zeitrahmen die Emissionen reduziert werden müssen, um das Erreichen der 2-Grad-Grenze zu verhindern. Manchen Klimaexperten zufolge sollte die Reduzierung mindestens neun Prozent jährlich betragen. Da Emissionen und Energie zurzeit so eng mit der Größe der Wirtschaft korrelieren – sie steigen und sinken gemeinsam –, müsste theoretisch das BIP jährlich um rund neun Prozent *reduziert* werden, außer wenn schmutzige Industriesektoren durch saubere Alternativen in annähernd gleichen Mengen ersetzt werden können.

Dass Wirtschaftsleistung und Energieverbrauch parallel reduziert werden müssten, liegt daran, dass es bisher nicht gelungen ist, die beiden voneinander zu entkoppeln. Eine Zeit lang schien dies zwar machbar, in jüngster Vergangenheit ist jedoch weltwirtschaftlich sogar eine noch stärkere Kopplung eingetreten. Die erhöhte Energieproduktion in China und Indien hat dazu geführt, dass die Treibhausgasemissionen noch stärker steigen als das Wirtschaftswachstum. Wenn keine Entkopplung erfolgt, müssen die Emissionen durch eine ausreichend starke Reduzierung des Energieverbrauchs gesenkt werden, was die Wirtschaftsleistung (das BIP) – auf jeden Fall kurzfristig – reduzieren würde.

Andere Klimaexperten halten weniger radikale Einschnitte für ausreichend, sofern ein linearer Übergang mit dem Ziel einer CO_2-freien Welt bis 2050 so rasch wie möglich beginnt. Das hieße, dass die jetzigen Emissionen in den nächsten zehn Jahren um ein Drittel, in den darauffolgenden zehn Jahren um ein weiteres Drittel und in den 2040er-Jahren um das letzte Drittel reduziert werden müssten. Anders ausgedrückt: Die Treibhausgasemissionen müssten Jahr für Jahr um drei Prozent beziehungsweise um 1,25 Gigatonnen gesenkt werden. Auch hier wäre dann allerdings eine jährliche Senkung des BIPs in der Größenordnung von drei Prozent erforderlich, auf jeden Fall in der ersten Zeit.

Andere Ziele, insbesondere jene, die von vielen Regierungen gesetzt werden, sowie von der Energiebranche, sind viel schwammiger und weniger ambitioniert. Sie versprechen lediglich, und ohne weiter ins Detail zu gehen, im Jahr 2050 CO_2-frei oder gar nur »CO_2-neutral« zu sein – wohl in der Hoffnung, weiterhin fossile Energie erzeugen und diese irgendwie kompensieren zu können.

Nur wenige scheinen zu begreifen, wie gefährlich derart vage Prognosen sind. Wenn die Menschheit bis 2030 weiter Treibhausgase in den aktuellen Mengen ausstößt, steuert sie geradewegs auf den Kipppunkt zu, ab dem der unkontrollierbare Klimawandel beginnt. In Zahlen: Wenn die CO_2-Emissionen auf dem Niveau von 2017 bleiben – 43 Gigatonnen pro Jahr – und nicht weiter steigen, reicht das CO_2-Budget im Jahr 2030 gerade noch für vier weitere Jahre. Wir hätten also bloß vier Jahre Zeit, um die Emissionen auf null zu reduzieren und dem unkontrollierbaren Klimawandel zu entgehen.

Je länger wir warten, desto heftiger wäre die Umstellung, und desto teurer käme sie uns zu stehen, in Form von Arbeitsplatzverlusten, »Stranded Assets«[26] und sozialen Unruhen. Wenn die Staatengemeinschaft die Problematik jedoch bis 2020 (allerspätestens) ernsthaft in Angriff nimmt und die Emissionen um 1,25 Gigatonnen pro Jahr reduziert,[27] kann die Dauer der Umstellung auf bis zu 30 Jahre verteilt werden. Kommt sie erst 2025 ernsthaft in die Gänge, müssen die Emissionen viel stärker reduziert werden – um 1,7 Gigatonnen pro Jahr (40 Prozent mehr) – um das Ziel zu erreichen.

Die bisher allzu schleppenden Veränderungen sind vor allem durch die hohen Kosten für erneuerbare Energien bedingt, auch wenn die Solarenergie in manchen Teilen der Welt nun bereits billiger ist als fossile Energie; auch die Windenergie wird zusehends kostengünstiger. Die Investitionen in erneuerbare Energien sind seit 2004 enorm gestiegen, allein 2017 gingen weitere 160 Gigawatt zu einem Kostenpunkt von knapp unter 280 Milliarden Euro ans Netz[28], fast die Hälfte davon in China. Die weltweite Kapazität aus erneuerbaren Energien stieg damit auf insgesamt 2.200 Gigawatt.[29]

Aber auch der fossile Energiesektor baut seine Kapazitäten weiter aus, hier kamen 2017 weitere 70 Gigawatt hinzu.[30] Mehr als die Hälfte davon, ganze 40 Gigawatt, wurde aus jenem fossilen Rohstoff erzeugt, der die Umwelt am stärksten belastet: Kohle.[31]

Die Investitionen in fossile Energien steigen weiterhin um zwei Prozent jährlich, die Gesamtkapazität wird für das Jahr 2030 mit 5.300 Gigawatt veranschlagt. Auch wenn sich die Investitionen mehr auf Erdgas konzentrieren werden, das – wie argumentiert wird – sauberer ist als Kohle, gehen die meisten Prognosen anhand von aktuellen Trends davon aus, dass die CO_2-Emissionen aus fossiler Energie im Jahr 2040 *höher* sein werden als 2017. BP schätzt, dass im Jahr 2040 immer noch knapp 70 Prozent der Energie aus Kohle, Öl und Gas erzeugt werden wird (→ siehe Grafik »Primäre Energiequellen bis 2040« auf Seite 38). Dabei müssten die Emissionen zu diesem Zeitpunkt mindestens 80 Prozent geringer sein als jetzt, wenn wir unter dem kritischen Grenzwert von 2 °C bleiben wollen.

Um das zu tun, was notwendig wäre, nämlich sämtliche fossile Energie bis 2050 durch erneuerbare Alternativen zu ersetzen, muss viel Geld in die Hand genommen werden – ein weiterer Grund für das anhaltende Zögern. Wenn wir davon ausgehen, dass sich die aktuellen Kosten für erneuerbare Energien (Stand 2017) letztlich halbieren werden, kommen wir auf Kosten von knapp vier Billionen Euro – sieben Prozent des weltweiten BIPs. Das klingt nach viel, sollte aber bei Verteilung über einen Zeitraum von mehreren Jahrzehnten leicht machbar sein. Dennoch würde der Übergang aufgrund von gestrandeten Vermögenswerten Billionen von Euro kosten, sei es in Form von nicht genutzten Kohle-, Öl- und Gasvorkommen oder von fossilen Kraftwerken und Raffinerien, die geschlossen werden müssen. Einer der größten und mächtigsten Industriesektoren der Welt müsste also dazu gebracht werden, bei seinen Plänen eine Kehrtwende um 180 Grad zu vollziehen.

Ohne diese radikale Wende kann der Sektor der erneuerbaren Energien nur einen winzigen Bruchteil dessen erreichen, was vonnöten ist. Um unter 2 °C zu bleiben, müssen Maßnahmenpakete mit viel mehr Ernsthaftigkeit und Beherztheit geschnürt und der Verbrauch der fossilen Energie viel stärker und dringender gesenkt werden. Die Menschheit muss aufwachen und realistisch erkennen, was zu tun ist.

Die Klimaleugner sind den nötigen Veränderungen bislang natürlich ebenfalls im Weg gestanden. Mit dem Argument, dass die aktuellen Klimageschehnisse Teil eines normalen Zyklus seien, man denke bloß an Temperaturschwankungen in früheren Zeiten, etwa in der Mittelalterlichen Warmzeit und der Kleinen Eiszeit, haben sie andere davon überzeugt, die Wissenschaft infrage zu stellen.

Dabei sind die Gründe für diese Temperaturschwankungen in früheren Zeiten hinlänglich bekannt. Was heute passiert, ist hingegen eine vollkommen andere Geschichte. Die Geschwindigkeit, in der die Veränderungen im Emissions- und im Temperaturniveau stattfinden, sowie deren geografisches Ausmaß sind historisch gesehen ohnegleichen. Wissenschaftler wissen, dass die Bäume, die Meere und die Atmosphäre heute mehr Kohlenstoff aufnehmen als je zuvor, und dass dies nur von der Verbrennung fossiler Brennstoffe kommen kann. Sie wissen auch, dass weniger der von der Erde abgestrahlten Wärme ins Weltall entweicht, da ein winziger Teil der Sonnenenergie zurückbehalten wird. Mangels anderer offensichtlicher Ursachen wie einem Vulkanausbruch können die aktuellen Veränderungen nicht aus natürlichen Phänomenen resultieren. Sie müssen das Ergebnis menschlicher Aktivitäten sein.

Die globalen Folgen

Die Folgen dieser Erwärmung werden immer deutlicher erkennbar. So hat in vielen Teilen der Welt die Sturmaktivität deutlich zugenommen, sowohl was deren Anzahl als auch deren Schwere angeht, und unzählige Temperaturrekorde sind gebrochen worden. Die Versicherungsschäden aufgrund von Naturkatastrophen haben sich in den letzten 30 Jahren verdreifacht, und die zunehmende Ausbreitung von Dürre und Staubstürmen zwingt immer mehr Menschen aus Teilen des Nahen Ostens und Afrikas dazu, ihr Land zu verlassen. Dies hat zu ethnischen und sozialen Spannungen geführt und viele dazu veranlasst, in Europa oder Südafrika Asyl zu suchen.

Ohne Veränderung wird die arme Welt in den nächsten Jahrzehnten am meisten zu leiden haben. In dürreanfälligen Gebieten wie Mexiko, dem westlichen Südamerika, Südeuropa, China, Australien und Südafrika werden Regenniederschläge merklich zurückgehen. Wassermangel wird die Folge sein, und in vielen

Gegenden wird man den Mangel auch nicht durch Grundwasservorräte lösen können, da auch diese schon vielfach zur Neige gehen.

In Nordeuropa, Russland und Kanada wird der Ackerbau zunehmen, zumindest bei einigen Erzeugnissen, man wird sogar Obst- und Gemüsesorten anbauen können, die in diesen Regionen früher nicht üblich waren, während viele andere Gegenden so viel Regen abbekommen, dass kein nennenswerter Anbau mehr betrieben werden kann. So wird der Weinanbau in Teilen Norditaliens und Südafrikas zum Erliegen kommen, entweder durch übermäßige frühsommerliche Hitze oder Mangel an Wasser. Aufgrund von immer mehr Waldbränden werden die Kosten für Papier mangels Rohstoff steigen, was sich auf viele Grunderzeugnisse wie Taschentücher und Toilettenpapier auswirken wird.

Viele Küstenstädte werden immer stärker überflutet werden, ganze Häuser werden buchstäblich weggeschwemmt werden. Klippen aus weicherem Gestein werden zerbröckeln. Hitzewellen werden länger anhalten. In vielen Städten wie Hongkong oder Singapur wird das Leben zusehends unerträglich werden: zu heiß und zu nass. Länder der Mittelmeerregion werden für den Anbau von landwirtschaftlichen Produkten zu trocken und zu heiß werden. Der Olivenbaumgürtel – jener schmale Breitengradbereich, in dem diese Bäume gedeihen können – wird sich nach Norden und Süden verlagern und in der Mitte eine Lücke hinterlassen. Die Zahl der Migranten aus Afrika, Mittelamerika, der Mittelmeerregion, Bangladesch, weiten Teilen Indiens und vielen anderen Ländern wird steigen und die aufnehmenden Länder nicht nur vor logistische, sondern vor allem auch moralische Herausforderungen stellen.

In manchen Ländern wird es weder Strom noch Wasser geben. Krankheiten wie Malaria und Denguefieber werden immer mehr um sich greifen, ebenso wie der Verseuchungsgrad durch Insekten. Der Anbau von Nutzpflanzen wird immer unsicherer werden, die Ausbeute sinken. Die Lebenserwartung der Menschen wird sich in manchen Ländern aufgrund von intensiverer Hitze, weniger Wasser und weniger vorhersehbarer Ernteerträge verringern. Tausende Tierarten werden aussterben. Durch die hohe CO_2-Konzentration und die folglich zunehmende Versauerung der Meere wird auch die Zahl der schalenbildenden Organismen stark zurückgehen.

Manche Veränderungen werden eigenartige Kapriolen schlagen. Die Temperaturen werden zeitweise heftig schwanken, manche Wetterphänomene werden in Jahreszeiten auftreten, in denen sie normalerweise nicht zu beobachten waren. Es wird an Orten schneien, die noch nie Schnee gesehen haben, und Winde werden Spuren der Verwüstung in noch nie erlebter Stärke nach sich ziehen. Quallen werden die Rohre von Atomkraftwerken verstopfen, und extreme Trockenheit, Nässe, Hitze und Kälte werden Gebäudesubstanzen angreifen. Die Regenwälder werden nach und nach austrocknen und sterben. Statt CO_2 zu speichern werden sie vielmehr CO_2 freisetzen und das Problem noch weiter verschärfen.

Was wir heute noch als unangenehm empfinden, wird sich allmählich zu einer globalen Gefahr auswachsen. Der Prozess wird allerdings so langsam vonstattengehen, dass sogar das zum »neuen Normal« wird. Der menschliche Wortschatz wird zukünftig von Begriffen wie »Anpassung« und »Resilienz« beherrscht sein, auch wenn nur wenige verstehen werden, dass es sich dabei in Wirklichkeit um »Verzögerung« handelt.

Die Menschheit wird Wege finden müssen, um das zu ersetzen, was die Umwelt ihr bisher kostenlos geboten hat, etwa Wasser von Gletschern, Grundwasserreservoirs oder Fischprotein. Vielerorts wird es notwendig werden, die durch Stürme zerstörte Infrastruktur wieder aufzubauen, Städte von der Küste weg-zuverlegen und durch Dürre unbrauchbar gewordenes Land zu verlassen. Militär wird gegen den Ansturm von Immigranten ein-gesetzt und Personal für immer häufigere Notfälle eingestellt wer-den. All das wird das Wachstum der Wirtschaft fördern, bloß kein sonderlich nützliches Wachstum.

Wenn wir nichts ändern, wird die weltweite Durchschnitts-temperatur zum Ende des Jahrhunderts um fast 4 °C höher sein als jetzt. Ein paar Jahrzehnte lang danach wird sie sinken, da große Teile der Polkappen und Gletscher schmelzen und die Meere ab-kühlen werden. Mitte des 22. Jahrhunderts werden die weltwei-ten Temperaturen wieder steigen, und diese Erwärmung wird viele Jahrhunderte lang andauern. Es wird Tausende Jahre dau-ern, bis sie auf das Niveau zurückgehen, das für ein gedeihliches menschliches Leben erforderlich ist.

Das also ist das Szenario, das ohne eine radikale Wende zu er-warten ist.

Sozialer und wirtschaftlicher Stillstand für die reiche Welt

Was wird in sozialer und wirtschaftlicher Hinsicht passieren? Auch die wirtschaftlichen Entwicklungen lassen sich, insbesonde-re anhand von Langzeittrends, ziemlich präzise vorhersagen. Die menschliche Wirtschaft verändert sich zwar wesentlich schneller als die Erdatmosphäre, dennoch gibt es zugrunde liegende Fakto-ren, die sich ebenfalls sehr langsam und über viele Jahrzehnte ent-wickeln. Plötzliche Umbrüche sind dabei selten, und auch diese sind meist nur vorübergehender Natur.

Wie sehen nun also die Langzeittrends aus?

Nach dem Zweiten Weltkrieg erlebte die reiche Welt eine besonders solide Periode wirtschaftlichen Wachstums, die über 50 Jahre anhielt. Diese Entwicklung wurde durch den notwendigen Wiederaufbau, den Babyboom der 1950er- und 1960er-Jahre und zuletzt durch die Globalisierung beflügelt. Seit 2008 hat sich das Wachstumstempo jedoch drastisch verlangsamt. Der Grund dafür sind Veränderungen, die sowohl kurzfristiger als auch struktureller Natur sind.

Der wichtigste kurzfristige Grund für die lange Abkühlungsphase sind die anhaltenden Auswirkungen der besonders schweren Finanzkrise. Sogar heute noch, zehn Jahre später, bremst die hohe Schuldenlast des öffentlichen und privaten Sektors die Erholung, trotz der Politik der »quantitativen Lockerung«[32], bei der die Zinsniveaus auf einem Rekordtief gehalten werden und Zentralbanken die Märkte mit Geld fluten.

Die lange Abkühlungsphase ist aber auch durch zwei langfristige strukturelle Faktoren bedingt, die sogar unter Ökonomen oft nicht ausreichend verstanden werden. Zum einen ist das die anhaltend rückläufige Geburtenrate in der reichen Welt. Wirtschaftswachstum ist stark von einer steigenden Bevölkerung abhängig. Wenn die Bevölkerung schrumpft, wie in Japan, oder nur sehr langsam wächst, wie in vielen Teilen Europas, verlangsamt sich auch das Wirtschaftswachstum.

Zum anderen ist Wirtschaftswachstum heute in der reichen Welt viel schwieriger zu erreichen, bedingt durch langfristige Veränderungen in der Zusammensetzung der Wirtschaft. Die nachfolgende Grafik zeigt, dass sich das Wirtschaftswachstum pro Kopf in der reichen Welt schon seit beinahe 60 Jahren verlangsamt. Da sich dieser Trend voraussichtlich weiter fortsetzen wird, ist davon auszugehen, dass das Wirtschaftswachstum pro Kopf in der reichen Welt bald zu schrumpfen beginnen wird.

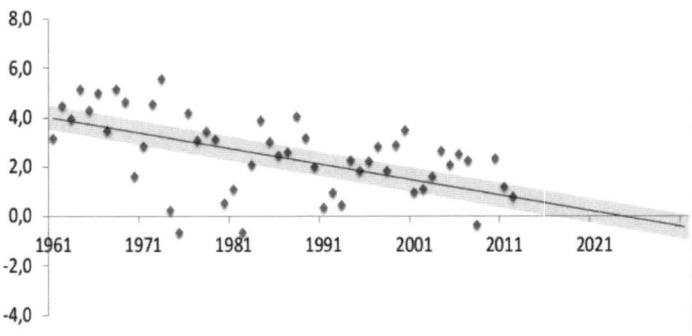

BIP-Wachstum pro Kopf, OECD. Die y-Achse stellt das Wachstum in Prozent dar.[33]

Aufgrund seiner alternden und rückläufigen Bevölkerung hat Japan die Konsequenzen dieses Trends noch vor anderen reichen Volkswirtschaften zu spüren bekommen. In Europa haben sich die ersten Auswirkungen erst im letzten Jahrzehnt bemerkbar gemacht. Die USA werden die Folgen vielleicht erst in einem Jahrzehnt erleben.

Im Durchschnitt aller OECD-Länder wird die Wachstumsrate pro Kopf in den frühen 2020er-Jahren ins Minus drehen. Ab diesem Moment wird das BIP pro Kopf zu sinken beginnen. In Ländern mit stagnierenden oder rückläufigen Bevölkerungszahlen, etwa Deutschland, Italien, Ungarn, Griechenland oder Rumänien, wird auch die Gesamtwirtschaft zu schrumpfen beginnen. Diese Abwärtsentwicklung wird sich im Verlauf der 2020er-Jahre immer stärker beschleunigen. Bei Vermögenswerten wird es zu einem Preisverfall kommen – Häuser, Autos, Aktien und Bürogebäude werden an Wert verlieren –, so, wie dies in Japan weitgehend bereits geschehen ist, aus dem einfachen Grund, dass die Zahl der Menschen, die diese verkaufen wollen, höher ist als jene, die gewillt oder in der Lage sind, sie zu kaufen.

Diese allmähliche Veränderung resultiert außerdem aus einer zunehmenden Überalterung der Bevölkerung, aber auch aus langfristigen Veränderungen in der volkswirtschaftlichen Struktur der reichen Welt.

Im Zuge der industriellen Revolution stellten sich die reichen Volkswirtschaften zunächst von einer überwiegend landwirtschaftlichen Ausrichtung auf eine vorrangig auf Fertigungsindustrien gestützte Wirtschaft um. Anschließend vollzogen sie eine Umstellung von einer fertigungsfokussierten Wirtschaft hin zu einem vorrangig auf Dienstleistungen gestützten System. Heute treten sie in das vierte wirtschaftliche Entwicklungsstadium ein, das sich hauptsächlich auf persönliche Dienstleistungen und Pflege konzentriert.

Der Übergang von einem Stadium zum nächsten erfolgte in der Vergangenheit hauptsächlich auf der Grundlage eines Phänomens, das Ökonomen als »technische Substitution« bezeichnen. Arbeiter in der Landwirtschaft wurden durch Maschinen ersetzt und gingen daher in die Fabriken. Die Fabrikarbeiter wurden nach einiger Zeit ebenfalls durch Maschinen ersetzt sowie in jüngerer Vergangenheit durch Computer und Roboter. Heute ist es vor allem der Dienstleistungssektor in Büros und Banken, in dem die meisten Arbeitnehmer durch neue Technologien ersetzt werden.

Durch diese Umstellungen hat sich die Struktur der reichen Volkswirtschaften verändert, und damit ihre langfristigen Wachstumsaussichten. Jede der großen wirtschaftlichen Umstellungen – von der Landwirtschaft zur Fabrikarbeit, von der Fabrikarbeit zu Dienstleistungen, und von den Dienstleistungen zu persönlichen Dienst- und Pflegeleistungen – hat die Wirtschaft wachsen lassen. Aber die Wachstumsrate ist mit jedem Stadium gesunken, da die Möglichkeiten zur Steigerung der Produktivität fehlen. Es ist viel einfacher, die Wertschöpfung pro Person zu steigern, wenn Menschen von Feldarbeit auf Fabrikarbeit umsteigen. Schwieriger wird es, wenn die Wirtschaft größer ist und die Arbeitskräfte von Fabriken auf Dienstleistungen umstellen. Noch schwieriger wird es, wenn sich die Wirtschaft von Dienstleistungen hin zu Pflege, Wissensarbeit und persönliche Dienstleistungen verlagert.

Denn: Es ist kaum möglich, einen alten Menschen schneller zu betreuen und dadurch die Produktivität in der Betreuung zu steigern. Es ist weiterhin kaum möglich, Haare schneller zu schneiden oder die Geige in einer Symphonie schneller zu spielen, als der Dirigent es vorgibt. Produktivitätssteigerungen, die für das Wachstum der Wirtschaft eine essenzielle Voraussetzung sind, lassen sich im vierten Stadium der wirtschaftlichen Entwicklung viel schwieriger erzielen als im ersten Stadium. Deshalb verlangsamt sich das Wirtschaftswachstum.

Seit dem Beginn der industriellen Revolution haben reiche Volkswirtschaften schrittweise nahezu alles durch Maschinen, Computer und Roboter ersetzt, was sich durch Maschinen, Computer und Roboter ersetzen ließ. Heutzutage werden zudem Menschen in Buchhaltungsarbeiten, Rechtsrecherchen und weiten Teilen des Finanzsektors durch clevere Algorithmen ersetzt.

Es bleiben damit immer weniger Tätigkeiten übrig, die nicht durch neue Technologien ersetzt werden können. Zwar tun sich neue Sektoren auf, etwa im Bereich der Internetservices, diese beschäftigen tendenziell jedoch weniger Personal als die großen Wirtschaftssektoren der Vergangenheit. Den reichen Volkswirtschaften bleiben also nur mehr jene Tätigkeiten, die nicht so leicht automatisiert werden können. Das sind Jobs, die geschickte Hände und kluge Köpfe für nicht repetitive Arbeiten erfordern, oder Jobs in der Betreuung und Pflege anderer.

Die aktuelle Roboterisierungswelle wird selbstverständlich noch auf viele Jahre hinaus für Wirtschaftswachstum sorgen. Doch die Wachstumsrate wird stetig sinken, da es weniger Möglichkeiten gibt, um die Produktivität zu steigern und effizienter zu werden. Letztlich werden die Volkswirtschaften der reichen Welt auf Tätigkeiten aufgebaut sein, bei denen eine zunehmende Technologisierung nahezu unmöglich oder aber nicht wünschenswert ist. Eine Tagesmutter kann ein Baby nicht so betreuen, dass dadurch die nationale Produktivität steigt und die Wirtschaft schneller wächst.

Das Wirtschaftswachstum wird in der reichen Welt daher weiter zurückgehen und letztlich sogar ins Minus drehen, die Volkswirtschaften werden schrumpfen. Der Trend der letzten 60 Jahre wird sich fortsetzen. Und genau das ist der Hauptgrund für das schleppende Wirtschaftswachstum in der reichen Welt in den letzten zehn Jahren, und auch der Grund, weshalb es so schwierig ist, dieses Wachstum zu stimulieren: Die Volkswirtschaften der reichen Welt haben sich strukturell gewandelt, veraltete Ideen, wie das Senken der Zinsniveaus und das Anwerfen der Gelddruckmaschine, haben nahezu keine Wirkung gezeigt. Sie haben kein Wachstum angekurbelt.

Die reichen Volkswirtschaften werden daher stagnieren und anschließend schrumpfen, falls sie nicht radikal umgebaut werden. Ein paar Zahlen dazu: Das durchschnittliche Wirtschaftswachstum der reichen Welt wird in den nächsten zwei Jahrzehnten bei nur 0,6 Prozent pro Jahr liegen.[34] Dieses wird vor allem von den USA getragen sein, bedingt durch deren jüngere Bevölkerung. Die europäische Wirtschaft wird ab Mitte der 2020er-Jahre schrumpfen, so, wie vor ihr die Wirtschaft Japans. Insgesamt betrachtet wird die Wirtschaft der reichen Welt ab 2035 schrumpfen, sofern keine Veränderung erfolgt.

Zugleich werden diese Wirtschaftssysteme eine weitere Veränderung erfahren, die das Niveau des konventionellen Konsums sogar noch weiter reduzieren wird. Mit der zunehmenden Geschwindigkeit des Klimawandels, wenn Städte gezwungen sind, auf immer häufigere Hitzewellen, steigende Meeresspiegel und Migrantenströme aus Dürrekatastrophengebieten zu reagieren, und wenn Versicherungen für Bauern, Unternehmen und Haushalte keine Deckung mehr bieten, wird der Staat eingreifen müssen.

Nationale und lokale Regierungen werden sich um Probleme kümmern müssen, die der freie Markt nicht lösen kann. Zur Deckung der Kosten für Krankenhausaufenthalte von Hitzeopfern, für den Bau neuer Meeresschutzwälle, für die Unterbringung von Migranten und für die Erfüllung der Funktion eines Versicherers, wenn sonst niemand mehr einspringt, müssen höhere Steuern erhoben werden. Dadurch fließt weniger Geld in den Konsum. Statt für den Kauf von Autos, Flachbildfernsehern und Kleidung wird das Einkommen der Menschen vom Staat für die Bereitstellung von Krankenhausbetten und den Bau von Dämmen verwendet. Die Wirtschaft der reichen Welt wird daher eine weitere strukturelle Veränderung erfahren, die zu einer weiteren Reduzierung der Nachfrage in den heute dominierenden Sektoren (Fertigung, Dienstleistungen, Einzelhandel) führen wird.

Der Konsum in der reichen Welt wird daher unter Druck geraten – durch stagnierende Bevölkerungen und die Auswirkungen ihrer zunehmenden Überalterung, durch die anhaltende strukturelle Verlagerung hin zu wachstumsschwachen Sektoren und durch die Notwendigkeit, den Herausforderungen des Klimawandels zu begegnen. Auch wenn noch so viel Geld gedruckt wird und die Zinsen noch so stark gesenkt werden: Konventionelles Wirtschaftswachstum wird es kaum bis gar nicht mehr geben, und die Aussichten für die meisten traditionellen Wirtschaftssektoren in der reichen Welt werden sich verschlechtern. Natürlich werden sich neue Betätigungsfelder auftun, zum Beispiel im Bau von Meeresdämmen, in der Energiewende, im sozialen Wohnungsbau, in der Kohlenstoffabscheidung und in vielen anderen Bereichen. Aus Sicht des BIPs könnten diese den Rückgang in anderen Bereichen möglicherweise sogar wettmachen. Für viele traditionelle Unternehmen in der reichen Welt sind die Zukunftsaussichten jedoch ziemlich düster.

Migration, Ungleichheit und auch Wut

Wenn man versteht, was mit dem Klima und der Wirtschaft passieren wird, kann man auch die sozialen Entwicklungen leicht vorhersehen. Da das aktuelle Wirtschaftssystem Ungleichheiten verstärkt, werden die Armen noch ärmer und die Reichen noch reicher werden. Vermögen wird weiterhin der reichen Welt zufließen, die Schere zwischen der reichen und der armen Welt wird ebenfalls weiter aufgehen – so, wie schon in den letzten 200 Jahren.

Mit dem geringeren Wirtschaftswachstum der reichen Welt wird es außerdem schwieriger werden, eine Arbeit zu finden. Manche Stellen mit hohen Qualifikationsanforderungen werden zwar gut entlohnt, die meisten jedoch zusehends schlecht bezahlt und unsicher sein. Denn Arbeitgeber werden aus einem großen Pool verfügbarer Arbeitskräfte schöpfen können, von denen sie mehr Flexibilität bei zugleich geringerer Entlohnung einfordern können, um so ihre Gewinne zu steigern.

Folglich werden die Mittelschichten der reichen Welt, nachdem sich deren Lebensstandards schon in den letzten 20 Jahren kaum verbessert, ja in Ländern wie in den USA und Großbritannien sogar verschlechtert haben, noch mehr unter Druck geraten. Sie werden mehr Steuern zahlen müssen, bedingt durch den Klimawandel, die medizinischen Kosten ihrer alternden Bevölkerungen und höhere Arbeitslosenraten. Zugleich werden ihre Einkommen stagnieren oder sinken, die Ungleichheiten werden sich weiter verstärken und Arbeitsplätze immer seltener zu finden sein. Die Menschen werden sich damit abfinden müssen, dass sie (inflationsbereinigt) voraussichtlich weniger verdienen als ihre Großeltern.

Zunehmende Einkommensungleichheit und prekäre Beschäftigungsverhältnisse werden sich auch auf die Gesundheit und die Lebenserwartung auswirken. Neben ernährungsbedingten Problemen werden die Menschen vermehrt an Depressionen und Wutzuständen leiden. Auch Ängste werden sich manifestieren, bedingt durch den Klimawandel. Für viele wird es frustrierend sein, wenn sie erfahren, dass es für das Klimaproblem keine einfache Lösung gibt und dass es sogar noch schlimmer kommen wird, egal, was sie tun.

Vermehrte Unruhen und Auswüchse von politischem Extremismus sind damit praktisch vorprogrammiert und werden in vielen Ländern von Sorgen und Streitigkeiten über den Umgang mit der zunehmenden Migration weiter geschürt werden. Die Dynamik, die diese Mittelschichten einst entstehen ließ, wird sich ins Gegenteil verkehren. Die Mittelschichten werden schrumpfen.

Wenn in der Wirtschaft daher kein radikaler Richtungswechsel erfolgt, lassen sich für die Mehrheit der Menschen in der reichen Welt kaum optimistische Aussichten für die nächsten 30 Jahre ableiten, weder in sozialer noch in demokratischer Hinsicht. Trotzdem wird es ihnen noch besser gehen als jenen in der armen Welt, die außerdem besonders unter den Klimaveränderungen zu leiden haben werden.

Entfesselter Turbokapitalismus – die großen Multis haben das Sagen

Was sich weiter fortsetzen wird, sofern die Wirtschaft nicht die Notbremse zieht und radikal neue Wege einschlägt, ist die zunehmende Verlagerung, wie dies schon seit Jahrzehnten passiert, vom »Willen des Volkes« hin zum »Willen der Unternehmen« und des Finanzsektors.

Bis in die 1970er-Jahre hinein waren Unternehmen in ihrer Macht eingeschränkt, einerseits durch eine staatliche Politik, die ein ausgewogenes Verhältnis zwischen den Bedürfnissen der Unternehmen und der Gesellschaft anstrebte, andererseits durch die Rivalität zwischen dem westlichen kapitalistischen System, dem Ostblock und dem chinesischen Kommunismus. Mit deren Zusammenbruch Ende der 1980er-Jahre hat die neoliberale Marktordnung eine Entwicklung vollzogen, die der Gesellschaft immer weniger zuträglich ist.

In der Politik setzt sich immer mehr die Tendenz durch, die Wünsche der Unternehmen über jene der Wählerschaft zu stellen. Viele Länder versuchen, einander durch geringere Körperschaftssteuern zu unterbieten und so die Wirtschaft anzukurbeln. Sie tun dies, weil man ihnen gesagt hat, dass dadurch Arbeitsplätze geschaffen werden (oder nicht mehr verloren gehen) und dieser Zuwachs – aufgrund des sogenannten »Trickle-Down-Effekts« – sukzessive auch den Ärmeren in der Gesellschaft zugutekommt und so letztlich die Kluft zwischen Arm und Reich verringert. Wirtschaftsbosse rund um den Globus haben Politiker mithilfe von »Thinktanks« und Ökonomen, die der freien Marktwirtschaft das Wort reden, aktiv in diesem Irrglauben bestärkt, durch Lobbying, lukrative Jobangebote für die Zeit nach ihrem Austritt

aus der Politik, durch Spenden und andere Formen der Einfluss-
nahme. Das Ergebnis ist die auch in der Allgemeinheit weitverbreitete Auffassung, dass eine unternehmensfreundliche Politik
für alle von Vorteil sei, obwohl sie in Wirklichkeit nur den Unternehmen zugutekommt, genauer gesagt, deren Eigentümern und
Investoren, vor allem jenen im Finanzsektor.

Infolgedessen konzentriert sich heute sehr viel Macht auf
eine relativ kleine Anzahl von Unternehmen, die einen enormen
politischen und wirtschaftlichen Einfluss ausüben können. Laut
Studien der Eidgenössischen Technischen Hochschule (ETH) in
Zürich[35] kontrollieren gerade mal 737 der Top-Holdinggesell-
schaften weltweit rund 80 Prozent der größten 43.000 Unternehmen und somit 40 Prozent des wirtschaftlichen Werts aller
Unternehmen weltweit. Drei Viertel der Unternehmen in dieser
Kerngruppe sind Finanzinstitute. Davon kontrollieren 147 sogenannte »Super-Entities« die Hälfte. Dabei handelt es sich überwiegend um Finanzintermediäre, unter anderem Barclays Bank,
JP Morgan und Goldman Sachs.

Die Macht der großen Konzerne ist in den letzten Jahrzehnten so extrem groß geworden, dass nur mehr schwer zu erkennen ist, wer die Geschicke der menschlichen Gesellschaft nun
tatsächlich in der Hand hat. Kräftig gefördert wird dies auch von
den Medien und der PR-Industrie, die uns weisgemacht haben,
wir sollten Unternehmen als Teil der Lösung für die sozialen und
ökologischen Herausforderungen der Welt sehen, nicht als deren Ursache.

Diese Anschauungen haben mittlerweile höchst befremdli-
che Blüten getrieben. Ein Industriegigant wie Unilever zum Beispiel gilt nun als umweltfreundliches Vorbildunternehmen, dessen Beispiel andere folgen sollten, obwohl es Chemikalien und
in Plastik verpackte Industrienahrung sonder Zahl produziert,

die die Umwelt in vielerlei Hinsicht gefährden. Multinationale Konzerne wie Starbucks, Apple und Spotify werden für ihr gesellschaftliches Engagement gepriesen, etwa weil sie Geld für Kampagnen in die Hand nehmen, um die Rechte der Frauen zu stärken oder um Minderheitengruppen mehr Gehör zu verschaffen. BMW sowie GE, das unter anderem Flugzeugmotoren herstellt, sind für ihre »gesellschaftliche Verantwortung« sogar in das Ranking der zehn besten Unternehmen der Welt aufgenommen worden, obwohl sie einige der umweltschädlichsten Produkte überhaupt produzieren.[36] [37]

Die großen Konzerne scheuen keine Kosten und Mühen, um als ökologisch nachhaltig wahrgenommen zu werden und um zu verschleiern, dass es ihnen bloß um kurzfristige Gewinne geht. Da das aktuelle Wirtschaftsmodell auch auf weniger Staat und weniger regulatorische Aufsicht setzt, insbesondere in den englischsprachigen Ländern, wird die Macht der Unternehmen weiter zunehmen, sofern hier kein radikaler Richtungswechsel erfolgt, ebenso wie der Irrglaube, dass die freie Marktwirtschaft die sozialen und ökologischen Herausforderungen der Menschheit lösen kann.

Arme arme Welt

Ein Großteil der armen Welt hat eine noch schlimmere Zukunft zu erwarten als die reiche Welt. Das Bevölkerungswachstum geht weltweit zwar insgesamt zurück, die Zahl der Menschen in der armen Welt nimmt jedoch weiterhin rasant zu. Im Jahr 2030 werden 7,5 Milliarden Menschen in armen Ländern leben, der größte Zuwachs wird dabei in Indien, Pakistan und Zentralafrika zu verzeichnen sein. Dadurch gerät der ohnehin bereits stark strapazierte Landwirtschaftssektor noch mehr unter Druck, mehr

Nahrungsmittel zu produzieren, ebenso wie die weltweiten Wasservorräte zur Neige gehen. Darüber hinaus müssen in diesen Ländern zukünftig Arbeitsplätze für jene fünf Milliarden Menschen im erwerbsfähigen Alter gefunden werden, die für die Jungen und Alten zu sorgen haben.

Ausgehend von den aktuellen Entwicklungstrends werden die Volkswirtschaften der armen Welt zusammen im Jahr 2030 um 90 Prozent größer sein als noch 2015 (63 Billionen Euro in 2030 gegenüber 33 Billionen Euro in 2015). Da die Schere zwischen Arm und Reich weiter aufgehen wird – zur Umkehrung dieses Trends wird ja nichts unternommen –, wird jegliches neu geschaffene Vermögen großteils dem reichsten einen Prozent der Bevölkerung zufließen. Die meisten Menschen in der armen Welt werden arm bleiben. Im besten Fall wird das Einkommen für die Mehrheit in den nächsten 15 Jahren um rund drei Prozent jährlich steigen. Hunderte Millionen von Menschen, die mit ein paar Dollar täglich überleben müssen, werden 2030 genauso arm sein wie jetzt.

Da das weltweite Wirtschaftswachstum in den nächsten 20 Jahren vor allem auf arme Länder entfallen wird, werden viele Unternehmen Investitionen mit großen Erwartungen tätigen. Doch in den meisten Fällen werden diese nicht aufgehen, zumindest nicht in Bereichen außerhalb des Rohstoff- und Nahrungsmittelsektors. Wenn sich also im ökonomischen Denken nichts ändert, wird weiterhin nur ein winziger Teil der armen Bevölkerung weltweit die Möglichkeit zu einem Konsumverhalten wie in der reichen Welt genießen. Mit der wirtschaftlichen Stagnation in der reichen Welt wird die arme Welt zwar wachsen, aber nicht so schnell, wie die meisten Unternehmen der reichen Welt dies wünschen oder brauchen.

Die Nachfrage nach Grundnahrungsmitteln wie Reis, Soja und Getreide wird mit der wachsenden Bevölkerung entsprechend steigen. Der Bedarf an Kohle (zum Kochen) wird steigen. Auch der Bedarf an Telekommunikationsdienstleistungen wird steigen. Aber nicht der Bedarf an teureren Gütern wie Autos, da die riesige Kluft zwischen Arm und Reich bestehen bleibt. Der weltweite Absatz von Tablets, vernetzten Geräten und exotischen Urlaubsreisen wird daher stagnieren, weil die Nachfrage in der reichen Welt nachlässt und diese Lücke von der armen Welt nicht gefüllt werden kann.

Das große Grundproblem der armen Welt ist, dass die Erde zu klein ist, genauer gesagt, dass die Menschheit für die Ressourcen der Erde zu groß geworden ist. Infolgedessen werden viele arme Länder in den kommenden Jahrzehnten Zustände erleiden, die einem Atomkrieg nahekommen, wenn auch in anderer Form. Die Auswirkungen von Temperaturanstiegen, Nahrungsmittelunsicherheit, Migration, steigenden Meeresspiegeln und Wasserknappheit sowie die erhöhte Wahrscheinlichkeit bewaffneter Konflikte werden viele Leben verkürzen. Und die kumulativen Auswirkungen aus einer immer schlechteren Luftqualität sowie Wasserverschmutzung und zunehmender Fettleibigkeit werden noch viele weitere Leben frühzeitig beenden.

Wie Frösche in einem Kochtopf

In den nächsten 30 Jahren, und darüber hinaus, werden sich Menschen und auch die meisten anderen Lebewesen weltweit wie Frösche in einem Kochtopf fühlen, der langsam erhitzt wird. Sie werden spüren, wie die Temperatur steigt. Sie werden frustriert sein, weil die Wirtschaft stagniert und die Migration immer weiter zunimmt. Der politische Unmut wird wachsen. Sie werden zudem Wut über die Tatenlosigkeit der Politiker und die egoistischen Forderungen der Unternehmen und des Finanzsektors empfinden.

Das ist das Schicksal, das die Menschheit erwartet, wenn sich nichts ändert.

In Teil 3 befasse ich mich mit Möglichkeiten, wie wir eine solche Zukunft verhindern können – oder zumindest manches davon.

Teil 3

DIE WELT BRAUCHT
EINE RADIKALE WENDE

»Konflikte sind manchmal notwendig, um soziale
Gerechtigkeit wiederherzustellen, den Menschen wieder
Freiheit zu geben, ebenso kluges Regieren für die Mehrheit,
und um das Überleben eines Volkes zu sichern.«

VICTOR HUGO, LES MISÉRABLES (ADAPTIERT)

Die Realität akzeptieren oder für die Wende kämpfen

In den nächsten 20 Jahren (und darüber hinaus) muss die Menschheit etwas tun, was sie noch nie getan – oder gar versucht – hat. Sie muss ihren ökologischen Fußabdruck verringern, auch wenn dies der Wirtschaft schadet, und für viele Menschen den Lebensstandard zumindest kurzfristig senkt. Die Welt muss einen kollektiven Schritt zurücktun und ein Opfer bringen, um anschließend voranzukommen.

Tut sie dies nicht, sieht die Zukunft düster aus. Die Natur wird das Klimaproblem zusehends selbst lösen, aber auf eine viel härtere und viel weniger vorhersehbare Weise. Die meisten heute lebenden Menschen werden nur einen kleinen Vorgeschmack der Probleme serviert bekommen, die zukünftigen Generationen bevorstehen, aber auch dieser wird ihnen nicht munden.

Wir haben es mit der größten Herausforderung in der Geschichte der Menschheit zu tun. Zusätzlich erschwert wird dies dadurch, dass nur sehr wenige Menschen bereit sind, *jetzt* mit Blick auf die langfristige Zukunft zu handeln, und noch weniger Menschen ist überhaupt klar, was tatsächlich getan werden muss. Um die nötige radikale Wende durchzuziehen, braucht es eine außergewöhnlich gute Führung, unbehindert von der Vergangenheit. Es braucht außerdem eine Vision und einen unbeirrbaren, entschlossenen Fokus auf ein einziges Ziel: den ökologischen Fußabdruck des Menschen zu reduzieren und wieder in Einklang mit der Natur zu bringen, koste es nahezu, was es wolle. Es braucht Willensstärke, um nicht der Versuchung zu erliegen, sich mit halbherzigen Kompromisslösungen zufriedenzugeben. Und es braucht ein Umdenken.

Die Menschheit muss endlich erkennen und akzeptieren, dass sie nicht alles haben kann, dass die Natur ihr Grenzen vorgibt. Das wird keineswegs einfach sein. Seit Jahren wird uns weisgemacht, dass wir alles erreichen können, wenn wir es nur wollen. Grenzen galten als Hindernisse, die man überwinden müsse, so, als wären die Menschen die Herrscher des Universums. Diese Vorstellung wurde untermauert von dem Eindruck, die Erde sowie ihre Ressourcen seien schier immens und die Menschheit und ihre Aktivitäten im Vergleich dazu relativ klein.[38]

Dazu kommt, dass wir nicht nur akzeptieren müssen, dass es Grenzen gibt, sondern auch, dass wir diese bereits überschritten haben. Wer die erforderliche Wende durchsetzen will, muss sich im Klaren sein, dass die Menschheit im ökologischen »Overshoot« agiert: Sie zerstört die Umwelt schneller, als diese sich regenerieren kann. Die Aufgabe besteht nun darin, die Auswirkungen der kollabierenden Natur zu verringern und zu verhindern, dass es noch schlimmer kommt.

Trotz alledem gibt es aber auch Hoffnung. Was wir zu tun haben, ist für den Menschen nämlich durchaus machbar. Wir müssen nichts Neues erfinden. Wir haben alles, was physisch notwendig ist, um die Schädigung der Natur zu beenden und die Gesellschaft so neu zu gestalten, dass sie für viele Generationen bestehen kann. Wir müssen uns nur zusammentun und eine Reihe (zugegebenermaßen schwierige) Entscheidungen im Interesse aller treffen. Die Menschheit hat eine gesellschaftliche und organisatorische Herausforderung zu bewältigen. Um das zu schaffen, müssen wir es bloß wirklich wollen – und klug ans Werk gehen.

»Wir sind doch alle vom gleichen Schlag und würden das Schicksal gefährdeter Arten erleiden, wenn wir uns nicht zusammentun und zusammenarbeiten.«[39]

Dr. Rajendra Kumar Pachauri, ehemaliger Vorsitzender des International Panel on Climate Change (IPCC)

Abgesehen von der unmittelbaren Notwendigkeit, Teile dessen abzureißen, was in den letzten 50 Jahren aufgebaut wurde, gibt es auch etwas, das längerfristig zu bedenken ist: Wenn die Menschheit eine bessere Zukunft erreichen möchte, muss sie ihre Vorstellungen von Fortschritt, Demokratie und Machtverteilung neu definieren. Ihre Auffassung von der Natur, von der Beziehung zwischen Gesellschaft und Klima und von der Generationengerechtigkeit muss radikal überdacht werden. Das Interesse der Allgemeinheit muss Vorrang haben gegenüber den Rechten einzelner, auch in Fällen, in denen dies dem demokratischen Gedanken zu widersprechen scheint. Freiheit und Eigeninteresse müssen neu definiert werden. Insbesondere die reiche Welt muss einen Gang zurückschalten: Sie muss weniger verschwenderisch zu leben beginnen und den Eigennutz in den Interessen multinationaler Konzerne und lokaler Eliten erkennen, vor allem bei jenen, die das Heil ihrer Wirtschaft in immer mehr Konsumsteigerung sehen. Ökologische Knappheit und Ressourcenmanagement, Umverteilung und Respekt gegenüber der Erde müssen die neuen Schlagwörter werden.

Bevor ich nun auf die Schritte eingehe, die erforderlich sind, um den Zusammenbruch der Natur zu verlangsamen, muss ich etwas Wichtiges vorausschicken: Dieses Buch bietet kein Patentrezept, das alles wieder in Ordnung bringt. Die ökologische Herausforderung, die vor uns liegt, ist viel zu groß und zu komplex, und die Behebung der angerichteten Schäden wird so lange dauern, dass es in Anbetracht der vielen Variablen nicht möglich ist, alles umfassende Lösungswege vorzugeben.

Dieses Buch skizziert die für eine Wende erforderlichen Maßnahmen sowie – und das ist besonders wichtig – deren Umfang und Ausmaß ebenso wie eine Einschätzung der Kosten. Bisherige Vorschläge zur Lösung der unzähligen Herausforderungen der Menschheit hatten nur wenige praktische Schritte oder Hinweise zum Umfang der erforderlichen Veränderungen zu bieten. Aus diesem Grund glauben viele Menschen weiterhin, dass ein schmerzloser Übergang möglich sei. Ein Umstieg auf Elektroautos, alternative Energien, weniger fleischlastige Kost, Recycling,

Säuberung der Meere und Reduzierung des Bevölkerungswachstums – all das war in einem gewissen Stadium vielleicht genug. Jetzt reichen diese Ideen jedoch nicht mehr aus, um den fortgeschrittenen Kollaps abzuwenden. Die Menschheit braucht eine radikalere Wende, und mit jedem Tag, den wir zögern, muss sie noch radikaler werden.

In diesem Buch erkläre ich die Größenordnung der Wende, die nötig ist, um den Karren der Menschheit aus dem Dreck zu ziehen. Die vorgeschlagenen Umstellungen werden eine Zukunft ermöglichen, die besser ist, als sie ohne Änderungen wäre, aber immer noch schlechter ist als heute. Sie sind kein detaillierter Fahrplan in eine Utopie. Ich habe dieses Buch geschrieben, um die Menschheit davon zu überzeugen, dass sie handeln muss, und um eine wichtige Debatte in Gang zu bringen, die derzeit noch fehlt. Der Großteil der Menschheit steckt den Kopf weiter in den Sand. Wir müssen jedoch handeln, statt uns vor den Herausforderungen zu verstecken.

Keine gute Ausgangsposition

Bevor ich auf die erforderlichen Veränderungen eingehe, gibt es zwei weitere Fragen, die zuvor beantwortet werden müssen: Warum befindet sich die Menschheit in dieser misslichen Lage? Und warum hat sie bislang nichts Wesentliches dagegen unternommen?

Dafür gibt es zwei Hauptgründe: Der eine ist das rasante Wachstum der Weltbevölkerung in den letzten Jahrzehnten, wodurch sich der ökologische Fußabdruck enorm vergrößert hat. Der zweite Grund ist das vorherrschende Wirtschaftssystem, das neoliberale kapitalistische Modell, das die Problematik noch weiter verschärft und die Konsequenzen weitgehend ignoriert.

Die Weltbevölkerung ist in den letzten 60 Jahren sehr rasch gewachsen, wenn auch etwas weniger in jüngster Vergangenheit. Im Jahr 1960 lebten drei Milliarden Menschen auf der Erde. Heute sind es knapp acht Milliarden. Pro Monat kommen knapp sieben Millionen Menschen dazu, pro Jahr so viel wie die gesamte Einwohnerzahl Deutschlands.

Leider gibt es nicht viel, was wir tun können, um dieses Problem zu lösen. Wir können nur versuchen, es besser in den Griff zu bekommen, durch verbesserten Zugang zu Verhütung, bessere Bildung – insbesondere für Frauen – und verstärkte Urbanisierung in der armen Welt. Frauen, die in der armen Welt in Städten leben, haben es vielleicht nicht besser als Frauen auf dem Land, aber sie haben weniger Kinder.

Hilfreich wäre auch, dies in der öffentlichen Debatte viel offener anzusprechen. Heute wird das Bevölkerungsproblem vielfach unter den Teppich gekehrt. Und wenn es doch angesprochen wird, kommen oftmals aus manchen Ecken so emotionale Reaktionen, dass das eigentliche Anliegen untergeht. Dabei ist es wichtig, darüber zu reden, da es ein wesentlicher Grund für die Klimaproblematik ist. Wenn wir es der Natur überlassen, das Bevölkerungsproblem für uns zu regeln – durch Klimaveränderung, Krankheit oder Hunger – wird sich das als höchst kurzsichtig erweisen. Die Natur wird dies vermutlich wesentlich brutaler lösen als die Prozesse, die die Menschheit selbst auf den Weg bringen kann. Aufgrund der fehlenden Debatte wird außerdem allzu leicht vergessen, dass rund zwei Milliarden Menschen heute unter 20 Jahre alt sind. Die Zeit, in der ihre Ressourcennutzung am höchsten sein wird ebenso wie ihr Potenzial zur Verschmutzung der Atmosphäre, liegt noch in der Zukunft. Sie sind eine tickende ökologische Zeitbombe, die das Klimaproblem noch weiter verschlimmern können.

Die fehlende Debatte über die Größe der Weltbevölkerung hat zusätzlich noch zu einem weit verbreiteten Irrglauben geführt: Das Bevölkerungsproblem wird generell als ein Problem der armen Welt betrachtet. In der armen Welt leben viel mehr Menschen und werden viel mehr Babys geboren, das ist natürlich richtig. Ökologisch gesehen sind es aber die Kinder in der reichen Welt, die das größte Problem darstellen. Ein Kind, das heute in Europa oder Nordamerika geboren wird, belastet die Umwelt um ein Dreißigfaches mehr als ein Kind, das in einem armen Land zur Welt kommt. Es sind die Kinder der reichen Welt, die am meisten Ressourcen verbrauchen und die Umwelt am meisten belasten.

Rauchen bringt uns um. Wachstum auch.

Der zweite oben genannte Grund dafür, dass wir uns in der heutigen Situation befinden, ist das Wirtschaftssystem: Dessen Streben nach endlosem Konsumwachstum ohne ausreichend Rücksicht auf die Umwelt ist die Ursache für den Schaden, den die Menschheit der Erde zugefügt hat. Die Wirtschaftsleistung fortlaufend weiter anzukurbeln gilt mittlerweile als normal. Doch dieses Wachstum erfordert eine ebenso fortlaufend erhöhte Zufuhr von Rohstoffen. Diese müssen aus dem Boden geholt, verarbeitet, in Waren verwandelt, transportiert und verkauft werden. All das erfordert Energie. Diese wiederum wird großteils aus der Verbrennung fossiler Rohstoffe gewonnen – jenem Prozess, der den Klimawandel verursacht. Das Streben nach Wirtschaftswachstum ist daher die direkte Ursache des Klimawandels. Dadurch, dass dieses Wachstum mittlerweile als notwendig erachtet wird, ist ein korrigierendes Gegensteuern sehr schwierig geworden.

Im aktuellen System der menschlichen Entwicklung ist die Natur etwas, an der man sich bedient, um für die Menschheit Wohlstand zu schaffen. In diesem System haben die Meere, Wälder und Eiskappen keinen Wert außer dem finanziellen Wert der Ressourcen, die sie bieten. Ein Baum ist ein Stück Holz, eine geschmolzene Eiskappe eine kürzere Schifffahrtsroute.

Dabei ist dieser konstante Druck nach mehr Wirtschaftswachstum nicht nur in ökologischer Hinsicht so enorm schädlich. Das aktuelle Wirtschaftssystem ist auch die Ursache vieler sozialer Probleme der Menschheit. Es erhöht die Langzeitarbeitslosigkeit und die Ungleichheit. Da diese Probleme kurzfristig dringlicher erscheinen und mehr mediale Aufmerksamkeit erregen, halten sie Politiker und Regierungen davon ab, das Klimaproblem ernsthaft in Angriff zu nehmen.

Unternehmen kämpfen fortlaufend um Kostensenkung und Effizienzsteigerung, um mehr Gewinn zu erwirtschaften. Das zwingt sie, möglichst viel Arbeit auf Maschinen zu verlagern. Sofern nicht von anderen Unternehmen neue Arbeit geschaffen wird – was in der reichen Welt in den letzten 30 Jahren nicht ausreichend geschehen ist –, steigt folglich die Arbeitslosigkeit. Aus diesem Grund ist die Arbeitslosigkeit in der reichen Welt in den letzten 30 Jahren trotz des stärksten Wirtschaftswachstums in der modernen Geschichte der Menschheit gestiegen. Mit der noch auf uns zukommenden Welle der Mechanisierung und Automatisierung wird sich das Arbeitslosenproblem vermutlich noch weiter verschärfen.

Das Streben nach Kostensenkungen hat auch dazu geführt, dass die Einkommen und Lebensstandards in weiten Teilen der reichen Welt stagnieren beziehungsweise sinken. Millionen von Menschen geht es heute schlechter als noch vor 30 Jahren. Durch steigende Unternehmensgewinne sind die Reichen reicher geworden, sodass die Kluft zwischen Arm und Reich heute größer ist als vor 100 Jahren.[40] Auch die Schere zwischen der armen und der reichen Welt ist immer weiter auseinandergegangen, da die Gewinne aus Ländern, deren Wirtschaft von der Rohstoffgewinnung abhängig ist, an Länder mit höherer Wertschöpfung geflossen sind. Diese Schere ist heute größer als im Jahr 1820. Der »Trickle-Down-Effekt«, wonach der Reichtum der Reichen nach und nach zu den Armen durchsickern soll, ist ein Mythos. Im derzeitigen System ist vielmehr das Gegenteil der Fall: Die Armen und die Erde dienen der Wirtschaft, die dann die Reichen belohnt.

Global Footprint und Overshoot

Durch die Fixierung auf immer mehr Wachstum und Gewinnmaximierung lebt die Menschheit seit Mitte der 1980er-Jahre im ökologischen »Overshoot«-Modus. Sie lebt nämlich so, als hätte sie nicht nur eine Erde, sondern 1,7 Erden zur Verfügung, das heißt, sie verbraucht 70 Prozent mehr, als die Natur regenerieren kann.[41] [42] Amerikaner leben, als hätten sie fünf Erden. Die meisten Europäer leben, als hätten sie drei. Nur die arme Welt lebt innerhalb der Grenzen der Natur, trotz ihrer viel größeren Bevölkerung.

Die arme Welt hat ein anderes Problem. Wollte die restliche Welt denselben Lebensstandard erreichen, wie ihn die reiche Welt heute genießt, bräuchten wir drei weitere Erden. So viele Erden wären nötig, um die zusätzlichen Ressourcen aufzubringen und die zusätzliche Verschmutzung zu absorbieren. Ein Ding der Unmöglichkeit also, wenn die Menschheit ihre Entwicklung weiter so betreibt wie bisher.

Viele Menschen, die sich über dieses Problem des Overshoot im Klaren sind und auch über die Dringlichkeit der Umweltproblematik, sagen häufig, sie möchten »die Erde retten« – »Save the Planet« macht die Runde. Darum geht es aber nicht. Es geht nicht darum, die Erde »zu retten«. Es ist nahezu egal, was die Menschheit tut, die Erde wird daran nicht zugrunde gehen. Sie wird sich von menschengemachten Zerstörungen erholen, auch wenn es vielleicht Millionen Jahre dauert. Zugrunde geht vielmehr die Menschheit, wenn sie so weitermacht wie bisher.

Natürlich hat das aktuelle Wirtschaftssystem auch viel Positives hervorgebracht – nützliche Technologie, höhere Lebenserwartungen, höheren materiellen Wohlstand, exotischere Urlaubsreisen. Die Fokussierung auf Wirtschaftswachstum hat vielen Hunderten Millionen Menschen ein besseres Leben ermöglicht. Die Menschheit hat lang davon profitiert. Erst seit den 1980er-Jahren belastet sie die Natur weit über die Grenzen dessen hinaus, was nachhaltig ist.

Warum hat die Menschheit nicht reagiert? Warum haben so viele Meetings des IPCC, so viele wohlmeinende NGOs und so viele internationale Abkommen, einschließlich des Pariser Klimaabkommens, keine deutliche Wirkung gezeigt? Warum sind die Treibhausgasemissionen so hoch wie noch nie und steigen weiter? Warum nimmt das Artensterben immer mehr zu? Warum sind die Ozeane zugemüllter als je zuvor?

Dafür gibt es mehrere Gründe.

Für Menschen unter 40 in der reichen Welt liegt dies großteils an ihren Eltern. Sie tragen die Hauptschuld an der Situation, in der wir uns heute befinden. Die Nachkriegsgeneration wusste tief in ihrem Inneren, dass ihr Lebensstil nicht nachhaltig war. Sie wusste, dass Flüge für ein paar Euro widersinnig sind, dass niemand die Unmengen an Plastikverpackung braucht und dass immer mehr Konsum gepaart mit Wegwerfmentalität unnötig viel Müll verursacht. Ihr war bewusst, dass der Klimawandel ein ernst zu nehmendes Problem ist. Die Menschen wussten es und unternahmen trotzdem nichts dagegen.

So etwas passiert in der Menschheitsgeschichte natürlich nicht zum ersten Mal. Im Zweiten Weltkrieg, in der chinesischen Kulturrevolution und zeitweise in der Sowjetära sahen viele weg, während unzählige unschuldige Menschen ihr Leben verloren. Heute sind es Hunderte Millionen von Menschen, die es vorziehen, die Zerstörung und Ungerechtigkeit um sich herum zu ignorieren. Sie ignorieren den Tod zahlreicher Fische und Vögel, riesige Müllinseln in den Meeren, maßlosen Konsum, zunehmendes Ego-Denken, Einschränkungen der Freiheit, höhere Temperaturen und immer mehr Ungleichheit. Dieses Mal werden nicht Millionen von unschuldigen Menschen ihr Leben verlieren, sondern Milliarden, wenn wir nichts ändern. Dieses Mal ist es kein politischer Diktator, der dafür verantwortlich ist, sondern die Manager von Erdölkonzernen, Zementherstellern, Kohleproduzenten, Fluggesellschaften, Automobilherstellern und alle anderen, die der Erde bloß für den kurzfristigen Profit einiger weniger großer Investoren wissentlich so viel irreparablen Schaden zufügen und zugefügt haben.

Die Manager dieser Unternehmen sind nicht wie jene in der Tabakindustrie, die sich hinter den Warnungen auf Zigarettenpackungen verstecken können, mit denen sie auf die schweren gesundheitlichen Risiken ihrer Produkte hinweisen. Die Automobilhersteller haben weiter ihre Produkte verkauft, obwohl sie wussten, dass die langfristigen Konsequenzen für viele Lebensformen schwerwiegend sein würden. Jahrzehntelang haben sie immer größere, schwerere und potentere Autos, die die Umwelt noch mehr belasten, aktiv beworben. Die Fluggesellschaften haben ihre Preise gesenkt, um den Umsatz zu steigern, obwohl sie wussten, dass dies den Schadstoffanteil in der Atmosphäre erhöht. Die Fossilindustrie hat weiter umfassend in neue Kapazitäten investiert und sogar Lagerstätten erschlossen, die zu den umweltschädlichsten überhaupt gehören – Teersande und Schweröle aus Offshore-Bohrungen. Viele Ministerien und Politiker haben diese Aktivitäten unterstützt, in Form von Subventionen und Steuererleichterungen. Das sind schwere und mutwillige Verbrechen gegen die Menschheit und die Natur, oder sollten es zumindest sein.

Wie schon frühere Generationen zuvor haben die meisten Menschen nichts unternommen, um die zunehmende Umweltzerstörung aufzuhalten, aus dem schlichten Grund, dass es so einfacher war. Sie haben nicht reagiert, weil sie den Plädoyers und Dementis der Reichen und Mächtigen – insbesondere jener mit Nahebeziehungen zum fossilen Energiegeschäft – glaubten (oder glauben wollten). Sie haben nicht reagiert, weil sie Angst vor großen Veränderungen und deren Folgen hatten.

Nur ist die Bedrohung diesmal von globaler und existenzieller Natur. Nach so vielen Tausenden von Jahren des Fortschritts ist dies mehr als eine Katastrophe. Wozu war das alles gut? Um jetzt mit dem Rücken zur Wand zu stehen? Soweit uns bekannt, ist der Mensch die einzige intelligente Spezies des Universums. Haben wir wirklich all das erreicht, nur um jetzt kollektiven Selbstmord zu begehen?

»Es ist schwierig, einen Mann dazu zu bringen, etwas zu verstehen, wenn sein Gehalt davon abhängt, dass er es nicht versteht.«

Upton Sinclair

Die Menschheit hat auch deshalb nicht reagiert, weil sie die finanziellen Kosten gescheut hat. Dabei geht es doch weitgehend bloß um Zahlen in Computerprogrammen. Die Angst davor, dass diese Zahlen kleiner werden und für die Reichen Folgen hätten, war und ist für die meisten enorm abschreckend.

Es stimmt schon: Die finanziellen Kosten werden mit Sicherheit hoch ausfallen. Aber dennoch werden sie eine Lappalie sein im Vergleich zu den Kosten, wenn wir nichts tun.

Eine Reaktion ist auch deshalb ausgeblieben, weil der Zeitpunkt für viele noch zu früh war. Als *Die Grenzen des Wachstums* im Jahr 1972 herauskam, haben viel zu wenige Menschen verstanden, dass der eingeschlagene Entwicklungsweg nicht nachhaltig sein würde und ein Umdenken erforderlich gewesen wäre. Dem ist heute nicht mehr so. Die Notwendigkeit einer radikalen Wende ist zwar immer noch eher bruchstückhaft und in Ansätzen bekannt, und ist nur einer winzigen Minderheit wirklich klar, doch eine breitere Akzeptanz scheint immer greifbarer zu werden. Vielleicht bin ich da zu optimistisch. Doch ich beobachte tatsächlich ein zunehmendes Bewusstsein für die Notwendigkeit einer radikalen Wende in unserem Verhalten.

Es gibt auch noch andere, verzeihlichere Gründe für das Ausbleiben notwendiger Maßnahmen. Die Herausforderung ist sehr schwer zu begreifen und von sehr langfristiger Natur, während die Menschheit meist kurzfristig denkt. Dazu kommen noch die verzögerten Auswirkungen der Rückkopplungsprozesse in der Natur, sodass die Dringlichkeit nicht leicht zu erkennen ist. Teilweise ist das Problem auch auf die »akademische Zurückhaltung« von Klimawissenschaftlern zurückzuführen, die sich bedeckt gehalten haben, um nicht als unwissenschaftlich oder gar als Panikmacher zu erscheinen. Lord Stern, der Autor des Klimaberichts der britischen Regierung, hielt diese Zurückhaltung für einen der

Hauptgründe, weshalb die Menschheit »die Risiken [und Kosten] eines unkontrollierten Klimawandels systematisch und immens unterschätzt«[43] habe.

Für das gegenwärtige Schicksal der Menschheit gibt es auch tiefere philosophische Gründe. Die Weltanschauung, die viele Gesellschaften heute in der reichen Welt teilen und die weitgehend im Denken der Aufklärung wurzelt, hat sich als falsch erwiesen: Der Glaube an Wirtschaftswachstum als Selbstzweck, das unverbrüchliche Vertrauen der Menschheit in die Wissenschaft, in die Rechte auf Eigentum, individuelle Freiheit und Demokratie haben die Gesellschaft dort hingeführt, wo sie heute steht. Der Glaube an freie Marktwirtschaft und *laissez faire* sowie die Vorstellung, dass Technologie immer gut, hilfreich und wünschenswert ist. Das Gefühl, der Mensch habe ein Recht auf mehr.

Unsere gegenwärtige Denkweise wurzelt auch in der jüngeren Vergangenheit, insbesondere in der *Mont Pelerin Society*, die auf so vielfache Weise und so lange auf das Wirtschaftsmodell der freien Marktwirtschaft als normal gepocht hat, als sei dieses die einzige Möglichkeit für Fortschritte der Menschheit. Die Denkweise hat natürlich noch tiefere Wurzeln in der Kirche und in der Vorstellung, dass die Welt der Menschheit zum Wohle geschaffen wurde.

Vor allem aber sind es die Anschauungen der europäischen Aufklärung, die überdacht werden müssen, und genau diese Wurzeln sind es, die die Menschheit eingehend prüfen muss, bevor sie sich an den langfristigen Umbau macht beziehungsweise damit sie – um mit Samuel Becket und dem Philosophen Slavoj Žižek zu sprechen – das nächste Mal »besser scheitern« kann.[44] Am vordringlichsten ist momentan die Notwendigkeit, den Schaden, den wir derzeit anrichten, aufzuhalten und zu beenden, nicht zu reparieren. Noch ist nicht die Zeit für den Umbau und Neubau. Die Menschheit muss erst die Katastrophe abwenden, bevor sie sich Gedanken über ihren Weg in eine bessere Welt machen kann.

Meist gut gemeint, aber zu kurz gedacht

Gibt es nicht bereits Lösungswege für die wirtschaftlichen und ökologischen Herausforderungen der Menschheit? Gibt es nicht bereits bewährte Umweltkonzepte, etwa die Bewertung der Welt in Form von »natürlichem Kapital«, die Kreislaufwirtschaft, die Förderung der Energieeffizienz, und so gute Ansätze wie »Green Economics«, »Degrowth« und »Impact Investing«? Kann man nicht einfach diese Konzepte ausbauen und das Problem auf diese Weise lösen?

Leider nein. Diese Konzepte, so gut sie auch gemeint sein mögen, haben bisher keine Wirkung gezeigt und werden auch in Zukunft kaum Veränderungen in der erforderlichen Größenordnung bewirken können.

Die Idee, die Natur zu bewerten und als »natürliches Kapital« zu betrachten, mag hilfreich erscheinen. Wenn Menschen der Natur einen Preis zuordnen können, schätzen sie das, was sie haben, in einer Sprache, die sie verstehen.[45] Laut Befürwortern dieser Idee hatten »Ökosystemdienste« – das, was die Natur uns an Ressourcen bietet – für die Weltwirtschaft im Jahr 2011 einen Wert von rund 120 Billionen Euro, mehr als das Doppelte des weltweiten BIPs.[46] So viel müssten wir Menschen für Trinkwasser, saubere Luft und verschmutzungsabsorbierende Kapazitäten der Erde bezahlen – vorausgesetzt natürlich, dass die Menschheit in der Lage wäre, diese zu ersetzen.

Das Problem ist, dass die Natur dadurch praktisch zur Handelsware wird. Auf dieser Grundlage können Unternehmen argumentieren, dass es mehr einbringt, einen Wald zu roden und Ölpalmen anzupflanzen oder den Lebensraum einer Tierart zu vernichten und eine Straße zu bauen. Sie können leicht nachweisen, dass mit dem Palmöl und der Straße ein höheres Einkommen zu erzielen ist als mit dem Regenwald oder der Heimat einer seltenen Tierart.

Der Öko-Kapitalismus – der die Ressourcen der Erde mit »natürlichem Kapital« bewertet – versucht, die Umweltprobleme der Welt durch Annäherung an marktwirtschaftliche und geldwertorientierte Prinzipien zu lösen. Dieser Versuch ist genau deshalb zum Scheitern verurteilt, weil er eben dieselben marktwirtschaftlichen und geldwertorientierten Prinzipien anlegt, die diese Umweltprobleme überhaupt erst verursacht haben.

Außerdem gibt es kein »natürliches Kapital«, nur Natur. Mit der Idee, die Natur zu monetarisieren, wird das Problem nur noch schlimmer. Sie bestärkt die Menschheit in der Vorstellung, über die Geschicke der Natur entscheiden zu können, solange dies aus menschlicher Sicht finanziell vertretbar ist. Sie bestärkt die Menschheit in der Vorstellung, dass alles einen Preis haben soll, ohne jedoch dessen Wert zu kennen.

Das Konzept der Kreislaufwirtschaft ist da schon besser. Die Idee, dass Produkte so konzipiert werden, dass sie länger halten und wiederverwendet, wiederverwertet und repariert werden können, ist gut. Leider wird diese Idee viel zu oft bloß dazu genutzt, um Unternehmensgewinne zu steigern. Würde man die Logik der Kreislaufwirtschaft vollständig ausschöpfen, würden große Teile einiger Schlüsselindustrien aufhören zu existieren. Die Nachfrage nach neuen Autos, Kühlschränken, Handys oder Waschmaschinen würde zusammenbrechen, wenn diese eine Lebensdauer von 30 Jahren oder länger hätten – was technisch leicht machbar wäre. Die Kreislaufwirtschaft konterkariert daher die Forderungen der Wirtschaft nach mehr Wachstum. Sie bräuchte mehr Regulierung, um breiter Fuß zu fassen.

Die drastische Steigerung der Energieeffizienz, um das Fünffache oder mehr, hat ein ähnliches Problem. Sie ist technisch machbar, sogar relativ einfach. Aber auch sie läuft den Interessen des Marktes zuwider, reduziert sie doch den Umsatz und Gewinn der Energieunternehmen, weil die Nachfrage sinkt. Auch wenn die Menschheit ihren Energieverbrauch senkt, wird das Klimaproblem an sich dadurch nicht gelöst.

»Degrowth-Konzepte«[47] sind ebenfalls nützlich, gehen aber oft an der Sache vorbei, da sie meist auf die Reduzierung des monetären BIPs statt auf die Verkleinerung des ökologischen Fußabdrucks abzielen. Die Wirtschaft ganz bewusst zu schrumpfen würde sicherlich dazu beitragen, die Umweltprobleme der Menschheit zu reduzieren, aber für die meisten ist es schwer nachvollziehbar, warum dies nötig ist und wie man es anstellt.

Ebenso ist die Idee von »Green Growth« nur dann sinnvoll, wenn sie den ökologischen Fußabdruck verringert. Wenn ein Unternehmen in ein Gaskraftwerk investiert und gleichzeitig ein Kohlekraftwerk schließt, trägt das zum Wirtschaftswachstum bei *und* reduziert gleichzeitig den Schadstoffausstoß. Das ist echtes »grünes Wachstum«. Wenn jedoch eine Investition in ein Gaskraftwerk als »grün« propagiert wird, mit der Begründung, dass die Alternative der Bau eines Kohlekraftwerks wäre, ist das einfach nur grüne Schönfärberei – sogenanntes »Greenwashing«. Die Investition eines Unternehmens wird als gut dargestellt, weil es besser ist als etwas, was noch schlimmer wäre. Hier wird also kein echter ökologischer Beitrag geleistet, sondern das kleinere Übel als grün suggeriert. Das Problem mit

Green Growth ist daher, dass es leider allzu oft nur dem schönen Schein dient.

Nicht Gier sollte uns motivieren

Auch das sogenannte »Impact Investing« ist meist bloß Grünfärberei. Mit Anlagemöglichkeiten, die als »nachhaltig« verpackt werden, präsentiert sich der Finanzsektor als sozial verantwortlich, obwohl sein oberstes Ziel die Maximierung kurzfristiger Renditen ist, nicht die Lösung unserer Umweltprobleme. Nur selten sind Anleger gewillt, Renditen zu akzeptieren, die niedriger sind als jene, die ökologisch bedenkliche Investments versprechen.

Tatsächlich gibt es aber sehr viele Bereiche, die Kapital und Kapitalgeber zur Finanzierung des Übergangs in eine nachhaltigere Welt benötigen.

Der Finanzsektor kann also durchaus eine Rolle im Dienste der Gesellschaft spielen. Naheliegende Bereiche sind natürlich jene der erneuerbaren Energien sowie der Energiespeicherung und Kohlenstoffabscheidung, aber auch zahlreiche neue Betätigungsfelder werden sich auftun, etwa Infrastrukturentwicklung, bezahlbares Wohnen, Reparatur und Recycling, medizinische Distanzversorgung und nachhaltige Landwirtschaft.

Auch karitative, humanitäre Aktivitäten können hier eine Rolle spielen. Statt jedoch die Investmententscheidungen jenen zu überlassen, die bisher so wunderbar vom bestehenden System profitiert haben, wäre es besser, sie stärker zu besteuern und ihr Vermögen vom Staat investieren zu lassen. Dies deshalb, weil jene, die mit ihrem Reichtum ein ökologisches Statement zu setzen versuchen, oftmals die leidige Angewohnheit haben, Geld aus rein eigennützigen Motiven zu spenden. Sie bieten eine vorgespiegelte Wohltätigkeit – »false philanthropy«[48] in den Worten von Papst Franziskus, der auch bei anderer Gelegenheit kein Blatt vor den Mund nahm und den ungezügelten Kapitalismus als »Dünger des Teufels«[49] geißelte. Die Reichen sind jedenfalls im Allgemeinen nicht unbedingt jene, die für die Rolle als »Schutzengel« der Gesellschaft am besten geeignet sind.

Auch viele weitere ökologisch motivierte Ideen sind schon vorgebracht worden, und manche davon sind durchaus interessant, etwa der Bau nachhaltiger »Transition Towns«[50] – Städte für den Übergang in eine postfossile Welt – oder Investitionen in Abfallprodukte, um daraus Nützliches für die Gesellschaft zu schaffen. Aber diese Ideen lassen sich meist schwer in einem größeren Umfang umsetzen, oder sie eignen sich oft nur für bestimmte Länder, Branchen oder Regionen.

Und leider reicht auch keine der Ideen aus, die von verschiedenen Umweltbewegungen bislang vorgebracht worden sind. Keine spricht das Hauptproblem direkt oder deutlich genug an, um ausreichend viel zu bewirken. Keine reduziert die Treibhausgasemissionen rasch genug, um den unkontrollierbaren Klimawandel abzuwenden. Sie flicken nur ein wenig am Rand herum.

Wir müssen uns außerdem von der Vorstellung lösen, dass es technologische Lösungen für die Probleme der Menschheit gibt. Viele Menschen haben einen geradezu rührenden Glauben an die Macht der Technologie, sie setzen darauf, dass menschliche Erfindungen einfache und schnelle Lösungen bringen, auch wenn die Probleme hochkomplex sind und seit Jahrzehnten immer gravierender werden. Diese Menschen gehen davon aus, dass eine wissenschaftliche Lösung gefunden werden kann, so, als sei das alles bloß ein kniffliges Rätsel, das es zu entschlüsseln gilt. »Können wir nicht etwas erfinden, um das Klimaproblem zu lösen?«, ist eine Frage, die mir bei nahezu jedem Vortrag gestellt wird.

Die Antwort darauf ist »Nein«, denn die Erderwärmung ist Symptom eines größeren Problems. Das Grundproblem ist der ökologische Fußabdruck des Menschen, und dieser resultiert aus Wachstum – dem Wunsch nach immer mehr Wachstum der Wirtschaft und dem übermäßig starken Wachstum der Bevölkerung. Und das in einer Welt, deren Ressourcen begrenzt sind. Natürlich können technologische Lösungen dabei helfen, die Meere und die Atmosphäre zu säubern. Aber dass dies das viel größere wirtschaftliche Problem lösen wird, ist ein Irrglaube.

So ein Glaube lenkt die Menschheit bloß von der eigentlichen Aufgabe ab: das Wirtschaftssystem umzubauen, die eigentliche Ursache zu beheben. Für das zentrale Problem gibt es also keine technologische Lösung. Die Herausforderung ist vielmehr sozialer und organisatorischer Natur. Es geht darum, die menschliche Welt so umzugestalten, dass die Zerstörung der Natur aufhört. Erst wenn die Menschheit das geschafft hat, befassen wir uns mit der Aufgabe, einen zukünftig besseren Weg zu finden. Eine schnelle technologische Lösung gibt es nicht.

Die großen Ziele, auf die wir hinarbeiten sollten

Welches Ziel sollten wir uns also setzen, und wie können wir die nötige radikale Wende schaffen? Das Schwierige ist, den ökologischen Fußabdruck zu verringern, ihn wieder in Einklang mit der Natur zu bringen und ihn dann in dieser naturverträglichen Größe zu halten. In der Praxis bedeutet dies, dass wir zuallererst das Tempo des Klimawandels so rasch wie möglich verlangsamen und die Weltmeere vom Müll befreien müssen. Alles andere – der Umgang mit der zunehmenden Migration, die Reduzierung von

Ungleichheiten, das Eindämmen von Konflikten, die Stärkung der Menschenrechte, die Lösung der weltweiten Armut – kommt an zweiter Stelle.

Um das zu erreichen, müssen die Treibhausgasemissionen jährlich um mindestens drei Prozent gesenkt werden. Nur so können wir verhindern, dass der Klimawandel außer Kontrolle gerät. Kumuliert müssen die Emissionen in den nächsten zehn Jahren um 35 Prozent, bis 2040 um 80 Prozent und noch vor 2050 auf null gesunken sein. Und auch dann hat die Menschheit nur eine 66-prozentige Wahrscheinlichkeit, das Schlimmste verhindern zu können. Mehr Ehrgeiz wäre daher anzuraten.

Grob umrissen muss sich die Menschheit folgende Ziele setzen:

1. **Aus für Fossil.** Die fossilen Energieemissionen müssen bis 2030 um mindestens 35 Prozent gesunken sein. Dies gilt auch dann, wenn die für Heiz-, Kühl- und Industriezwecke erzeugte Energie nicht aus erneuerbaren Quellen geliefert werden kann und deshalb Fabriken geschlossen werden müssen, Menschen ihre Arbeit verlieren und das Handelsvolumen und BIP dadurch stark sinken. Es dürfen ab sofort keine Investitionen mehr in die fossile Energiewirtschaft fließen. Diese Industrie sollte bis 2030 weitgehend stillgelegt worden sein, wobei Kohle an erster Stelle steht. Mit jeder neuen Investition in diese Sektoren wird es schwieriger, das Problem zu lösen, da die Menschheit dadurch immer stärker von einem umweltschädlichen Energiesystem abhängig wird. Das Ziel sollte sein, die gesamte Fossilindustrie bis spätestens 2040 stillgelegt zu haben, unabhängig von den finanziellen Konsequenzen. Atomkraftwerke sollten noch so lange in Betrieb bleiben,

bis sie das Ende ihrer Nutzungsdauer erreicht haben, nicht weil sie keine Gefahr darstellen, sondern weil sie sicherer sind als fossile Energie. Natürlich kann es weitere Unfälle wie in Fukushima oder Tschernobyl geben, aber dabei würden nur Teile der Erde für einige Jahrtausende unbewohnbar bleiben. Wenn wir hingegen weiterhin fossile Energie verbrennen, wird nahezu die gesamte Erde unbewohnbar.

2. **Flugzeugfreier Himmel, autofreie Straßen.** Die Verkehrsemissionen aus fossilen Kraftstoffen müssen bis 2030 um mindestens 35 Prozent und bis 2040 um über 80 Prozent gesunken sein. Dies ist zu erzielen, indem man die Nutzung konventioneller Autos, Lkws, Traktoren, Dieselloks, Schiffe und Flugzeuge durch entsprechende Vorschriften und Preisgestaltungen senkt. Für Pkws und Lkws müssen strenge Auflagen hinsichtlich Motorgrößen und Fahrdistanzen gelten. In Anbetracht der aktuellen Investitionspläne der Automobilhersteller und der Kosten für neue Fertigungskapazitäten bei Fahrzeugen sowie für erneuerbare Energien werden Elektrofahrzeuge in der ersten Dekade der Wende nur einen winzigen Prozentsatz des aktuellen Fuhrparks auf den Straßen ersetzen können. Es sind keine weiteren Investitionen in Flughäfen oder Autobahnen zu tätigen.

3. **Stopp dem Zement.** Die Produktion der energieintensivsten Industrien, insbesondere Erdölraffination, Papier, Nichteisenmetalle und Chemikalien – muss gesetzlich eingeschränkt werden. Ziel ist eine Verringerung um 50 Prozent bis 2030. Sämtliche Zementwerke sowie die meis-

ten Metallwerke sollten so rasch wie möglich geschlossen werden, spätestens binnen fünf Jahren, außer wenn die Metalle emissionsfrei hergestellt werden können.

4. **Plastik muss kosten.** Plastikverpackung ist in den nächsten fünf Jahren um 50 Prozent und bis 2030 um 90 Prozent zu reduzieren. Dies kann erreicht werden, indem die Hersteller, nicht die Konsumenten, für den Müll verantwortlich gemacht werden. Verpackungen, die von den Konsumenten nicht dem Recycling zugeführt werden können, sind an den Einzelhandel zu retournieren. Wenn auch dieser keine Recyclingmöglichkeit hat, sollten die Verpackungen an die Erstverwender zurückgehen. Die Entsorgung von Verpackungsmaterial, das diese Unternehmen nicht wiederverwerten oder wiederverwenden können, sollte so viel kosten, dass es für sie unattraktiv wird, es überhaupt erst herzustellen. Beispiel: zehn Euro pro Kilo für die ersten 100 Kilogramm Müll und anschließend 1000 Euro je weiteres Kilogramm. Der versuchte Export von Müll ist unter Strafe zu stellen.

5. **Bäume leben lassen.** Abholzung und Bodennutzungsänderungen sind bis 2025 um mindestens 50 Prozent und bis spätestens 2030 um 95 Prozent zu reduzieren. Die Verwendung von Palmöl ist ab 2025 für jeglichen Zweck zu verbieten. Dabei ist ein Mechanismus zur finanziellen Unterstützung der betroffenen Länder für bis zu 20 Jahre einzuführen, um ihnen den Übergang zu erleichtern.

6. **Lokal denken, lokal handeln.** Die Nahrungsproduktion der Landwirtschaft und Fischerei muss radikal reformiert

werden, sodass die Produktion lokal und nachhaltig – in einem für die Natur unschädlichen Umfang – erfolgt, unabhängig von den wirtschaftlichen Konsequenzen für die Nahrungsmittelhersteller, die Nahrungsmittelkosten und den Einzelhandel. Begleitend dazu ist ein System zu entwickeln, das den Konsumenten in der Übergangsphase hilft und sicherstellt, dass niemand deshalb hungert oder gesundheitlich zu Schaden kommt. Der Einsatz von Stickstoffdünger ist bis spätestens 2030 um 50 Prozent und bis 2040 um 100 Prozent zu reduzieren.

7. **Gashahn abdrehen.** Die Nutzung aller umweltbelastenden fluorierten Gase ist bis 2025 schrittweise einzustellen, unabhängig von den Kosten für Unternehmen.

8. **Besser bauen.** Die Investitionen in Gebäudeisolierung, nachhaltige Neubauten und sonstige Energieeffizienzmaßnahmen sind jährlich um 15 Prozent zu erhöhen.

9. **Strom überall.** Alles, was sich elektrifizieren lässt, ist durch entsprechende Investitionen zu elektrifizieren, sodass neue Herstellungs- und Transportmethoden nach und nach die auf fossilen Energieträgern basierenden Systeme ersetzen können.

10. **Nachhaltiger Nahverkehr zum Nulltarif.** Auch in die Bahninfrastruktur ist kräftig zu investieren, um eine nachhaltigere Mobilität gegenüber fossil betriebenen Verkehrsmitteln zu ermöglichen. Dabei sollte ebenso überlegt werden, öffentliche Verkehrsmittel überhaupt kostenlos anzubieten.

11. **Von fossil auf erneuerbar.** Alle geplanten zukünftigen Investitionen in fossile Energieträger sind in den nächsten 20 Jahren in den Sektor der erneuerbaren Energien umzuschichten. Geplante Investitionen in erneuerbare Energien sind, mit staatlicher Unterstützung, um jährlich 15 Prozent zu erhöhen. Damit kann der fossile Energiesektor viel schneller ersetzt und der Umstieg auf ein erneuerbares Energienetzwerk erleichtert werden. Regierungen sollen die vielen Milliarden Euro, die derzeit an Subventionen[51] in die fossile Energiewirtschaft fließen, an den Sektor der erneuerbaren Energien ausschütten. Flankierend ist Unterstützung für Konsumenten bereitzustellen, die in der Umstellungsphase nicht in der Lage sind, die höheren Energiekosten zu bezahlen.

12. **Gemeinsam für die Meere.** Errichtung einer internationalen Agentur zum Schutz der Ozeane und Behebung der ihnen bisher zugefügten Schäden. Die für die Schäden verantwortlichen Akteure sind strafrechtlich zu verfolgen.

13. **Neu denken und sequestrieren.** Die Investitionen in biologische Sequestrierung (CO_2-Abscheidung und -Speicherung im Boden), Aufforstung und nachhaltige Städteplanung sind zu erhöhen. Zusätzlich sind umfangreiche Investitionen in Abfallmanagementlösungen zu tätigen, um die Flüsse, Böden und Meere weltweit zu entlasten.

14. **Abrüstung.** Verteidigungsbudgets sind auf das geringstmögliche Minimum zu reduzieren und die frei werdenden Mittel in Klimaprojekte umzuleiten.

15. Die Verursacher zur Kasse bitten. Es sind umfassende Investitionen in Konzepte und Technologien zur Kohlenstoffabscheidung zu tätigen, und die Kosten der Investitionen sind den Fossilindustrien, Zementherstellern, Rodungsunternehmen und all jenen in Rechnung zu stellen, die in den letzten 40 Jahren als Anteilseigner in diese Unternehmen investiert haben. Die Zahlungen vonseiten dieser Akteure sollten dabei den Kapitalwert ihrer bis dato kumulierten Gewinne aus Dividenden und Wertsteigerungen ihrer Investments während dieser Zeit übersteigen. Zusätzliche Strafzahlungen sind für diese Akteure zu überlegen, falls die Mittel nicht reichen. Unterstützung ist für die Angehörigen derjenigen vorzusehen, deren Vermögenswerte beschlagnahmt werden.

Eine befremdliche, aber bessere Welt

Die sozialen, politischen und wirtschaftlichen Auswirkungen dieser Maßnahmen sind natürlich immens. Nahezu alle Flüge auf Strecken unter 1.000 Kilometer würden verboten werden, ebenso alle Billigflugtickets. Der Preis für Langstreckenflüge würde drastisch steigen, die Zahl der Touristen drastisch sinken. Venedig wäre dann eine Stadt zum Leben, nicht bloß ein Ort für Touristen (bis der Meeresspiegel zu hoch steigt). Die Nutzung von Geräten wie Rasenmäher, Laubbläser und Schneefräsen würde enorm eingeschränkt werden. Der Verkauf von Waschmaschinen würde drastisch sinken, da jede Maschine gemeinschaftlich verwendet werden würde. Das würde Rohstoffe sparen und den Energieverbrauch senken. Viele Produkte würden so konzipiert werden, dass sie aufgerüstet oder repariert werden könnten.

Sie würden weniger Energie verbrauchen und länger halten. Die Energiekosten wären so hoch, dass es zu teuer käme, Computer und Fernseher im Standby zu lassen. In Städten würden leere Straßen nach Mitternacht nicht mehr beleuchtet werden. Es wäre nicht mehr erlaubt, mit Computern riesige Mengen an Energie zu verbrennen, um Kryptowährungen zu schaffen. Das Streamen von Videos, die Online-Speicherung von Dateien und das Versenden von E-Mails würde empfindlich mehr kosten. Das kostenlose Aufladen von Elektrofahrzeugen und mobilen Geräten wäre nicht mehr möglich.

Die Bahn würde zum Hauptverkehrsmittel für Personen und Güter werden. Arbeitsplätze würden dezentralisiert werden. Müll würde in geringeren Mengen anfallen. Wirtschaftsuniversitäten würden Manager darin ausbilden, Unternehmen zu schließen, nicht immer weiter zu vergrößern. Plastik würde aus den Supermärkten verschwinden ebenso wie die Einwegbecher aus Coffee-Shops. Parkhäuser und Tankstellen würden schließen. Der Preis für Benzin und Diesel würde auf 100 Euro pro Liter steigen. Konferenzen und Meetings würden mehrheitlich online stattfinden. Das internationale Handelsvolumen würde mit den steigenden Transportkosten sinken. Bauern würden mehr Arbeitskräfte benötigen, um höhere Kraftstoffkosten wettzumachen und die erhöhte lokale Nachfrage nach zahlreichen verschiedenen Erzeugnissen bedienen zu können. Bauunternehmer und Architekten müssten Ersatz für Beton, Stahl und Aluminium finden. Chemiefirmen würden schrumpeln wie brennendes Plastik. All jene, die an der Entwicklung neuer Waffen beteiligt sind, sowie jene, die dafür verantwortlich sind, dass Zahnbürsten, Lippenstifte und Rasierer alle zwei Monate ein neues Design verpasst bekommen, müssten sich nach neuen, nachhaltigen Betätigungsfeldern umsehen.

Enorme Investitionen würden in neue Technologien und Industrien, in erneuerbare Energien, in CO_2-Abscheidung und in Dienstleistungen rund um all diese Umstellungen fließen. Wissenschaftler würden an neuen Modellen des menschlichen Fortschritts und verbesserten Wirtschaftssystemen tüfteln. Statt Arbeit zu besteuern, würden Regierungen Rohstoffe, Emissionen und Müll besteuern. Wirtschaftsprüfungs- und Finanzunternehmen würden die Umstellung überwachen. Staatliche Transferleistungen würden so überarbeitet werden, dass das Leben für die meisten (aber nicht alle) Menschen während der großen Umstellungen erleichtert wird. PR-Firmen würden dafür sorgen, dass alle verstehen, was da passiert. Sie würden auch erklären müssen, warum sich das Klimaproblem trotz all dieser Veränderungen erst einmal verschlimmern würde.

Dass derart radikale Umstellungen schwierig sein werden, liegt auf der Hand. Dass sie gelingen könnten, ist fast schon unvorstellbar. Und doch sind sie machbar. Aber wie? Wie können wir so einschneidende Veränderungen schaffen? Wie können sich jene, die diese Veränderungen umsetzen, vor jenen schützen, die es nicht tun?

Der Schlüssel liegt in der Organisation und in federführender Vorbildwirkung.

FLUGMEILEN 2.0?

Um das Flugaufkommen zu reduzieren, erhält jeder das Recht, jährlich 1.000 Kilometer (620 Meilen) in der Economy Class zu fliegen. Dies ist deshalb eine sinnvolle Zahl, da sie ungefähr jener entspricht, die heute weltweit pro Person im Schnitt geflogen wird. 2016 lebten auf der Erde 7,4 Milliarden Menschen,[52] die insgesamt 7,2 Billionen Kilometer geflogen sind.[53] Dazu gehören die Ärmsten, die nie fliegen, und die Reichen, die viel mehr als 1.000 Kilometer jährlich schaffen.

Mit diesem Recht könnte man ein Hin- und Rückflugticket von Amsterdam nach London kaufen. Um von Berlin nach Chicago zu fliegen, bräuchte man die Flugkilometer von sieben Personen. Für den Rückflug bräuchte man weitere sieben. Vor dem Kauf eines Tickets müssten Passagiere daher Flugmeilen von anderen zukaufen. Wer Business Class fliegt, braucht viermal so viele Meilen wie Passagiere in der Economy Class. First Class zehnmal so viele. Meilen von Menschen in der armen Welt zu kaufen, wäre möglicherweise billig, da diese selbst weniger Bedarf und daher mehr anzubieten haben. Sie von Menschen in der reichen Welt zu kaufen, wäre teurer. Aber nicht zwangsläufig, da es einen weltweiten Online-Markt geben könnte. In jedem Fall würden die Umständlichkeit und die Kosten für den Kauf ausreichender Meilen dazu beitragen, dass weniger Flüge gebucht werden und Vermögen besser umverteilt wird. Jedes Jahr könnte die Freigrenze weiter gesenkt werden, um das Tempo der Veränderungen zu beschleunigen. Ähnliches könnte auch für den Luftfrachtverkehr eingeführt werden und ebenso für die Schifffahrt, um deren Einsatz sukzessive abzubauen. Das Konzept könnte außerdem auf Pkws umgelegt werden (jeder darf bis zu 3.000 Kilometer jährlich fahren).

Ein Amt für den geordneten Übergang

Die Regierungen müssen sich generalstabsmäßig vorbereiten – mit einem strategisch und taktisch präzise durchdachten Plan. Darin müssen sie genauestens ausarbeiten, wie rasch Emissionen reduziert, Industrien stillgelegt und neue Steuer- und Sozialsysteme konzipiert werden können. Sie müssen auch vorab die Konsequenzen auf allen Ebenen der Gesellschaft durchdenken. Das Vorhaben ist gewaltig und wird sich von Land zu Land unterscheiden. Wobei die nationale Priorität für jede Regierung dieselbe sein sollte: den ökologischen Fußabdruck des eigenen Landes so rasch wie möglich zu verringern und die größtmögliche internationale Unterstützung zu leisten, um die Menschheit vor einem außer Kontrolle geratenen Klimawandel zu retten.

Sie müssen außerdem internationale Beziehungen zu anderen Regierungen aufbauen, um diese Aktivitäten zu koordinieren. Politische Maßnahmen müssen gemeinsam entwickelt und umgesetzt, neue Technologien geteilt werden. Alle Regierungen müssen zusammenarbeiten, um die Investitionslast aufzuteilen, Staaten für den Verlust von Exportmärkten zu entschädigen und bei Aufforstungen und Meeressäuberungen zu kooperieren. Sie müssen sich des Weiteren zusammentun, um den fossilen Energiesektor aufzulösen und neue Energieübertragungsnetze zu entwickeln, um den Widerständen vonseiten der zu schließenden Industrien zu begegnen, und um dafür zu sorgen, dass eine einheitliche, gemeinsam getragene Botschaft vermittelt wird.

Die Regierungen müssen dazu Personal für die Überwachung und Sicherstellung der Fortschritte sowie zur Minimierung von Konsequenzen aus etwaigen Fehlern einstellen. Es müssen Ämter eingerichtet werden, die Subventionen an den Sektor der erneuerbaren Energien auszahlen und jene Menschen, die ihren Arbeitsplatz verlieren, mit Sozialleistungen und bei Umschulungen für Arbeiten im sauberen Sektor unterstützen.

Die Politik muss neue Maßnahmen ergreifen, um die schrittweise Schließung riesiger Industriesektoren und multinationaler Konzerne auf geordnete Weise zu gewährleisten. Es müssen Entscheidungen getroffen werden, wer für die entstehenden Verluste entschädigt werden soll und wer nicht. Umfangreiche staatliche Unterstützung wird auch für die CO_2-Abscheidung, Energiespeicherung und die Infrastruktur im öffentlichen Verkehr benötigt werden. Teile des Rechtssystems müssen überarbeitet werden, um Vorschriften zu entwickeln und anzuwenden, die die persönliche Mobilität einschränken, den Besitz und die Verwendung von umweltbelastenden Maschinen und Geräten minimieren und Entschädigungsforderungen von Unternehmen bewerten.

Es müssen lokale Zentren für die Reparatur und die Wiederverwertung von Produkten errichtet werden.

Staatliche Unterstützung wird auch für die Koordination von Innovationen und zur Förderung von Universitäten benötigt werden sowie für den Aufbau von Firmen und Architekten, die alternative Baumethoden und Baustoffe entwickeln.

Es werden außerdem Ämter benötigt werden, die für finanzielle und soziale Stabilität sorgen, und um die fortlaufende Unterstützung von Arbeitnehmern und Gewerkschaften zu gewährleisten. Auch ein Amt für Medien und deren Aufsicht wird erforderlich sein.

Dies ist nur ein kleiner Auszug aus den vielen Aufgaben, die von Regierungen weltweit in Angriff zu nehmen sind.

Eine weitere Aufgabe, die sorgfältig durchdacht werden muss, ist der Umgang mit Widerständen vonseiten jener, die sich zu den Verlierern zählen, insbesondere der Akteure in den umweltschädlichsten, schmutzigen Industrien und im Finanzsektor. Hier ist eine heftige und gut koordinierte Reaktion auf internationaler Ebene zu erwarten, vor allem von Ländern, deren Volkswirtschaften auf fossilen Energien aufbauen, sowie von Ländern mit geringem Verständnis für den Klimawandel. Der Umgang damit erfordert großes PR-Geschick sowie strategisch geschultes Personal und Psychologen. Manche internationale Organisationen wie das IPCC und die Vereinten Nationen könnten dies konstruktiv unterstützen, andere eher weniger.

Strafverfolgung der Schuldigen

Da hier so viel auf dem Spiel steht, sollten Regierungen auch auf die Einrichtung eines internationalen Gerichtshofs pochen, der die emissionsverantwortlichen Akteure strafrechtlich verfolgt. Das ist im Grunde nur fair. Die Manager und Eigentümer der fossilen Energieunternehmen weltweit wissen seit Jahren, dass sie für eine tödliche Umweltgefährdung verantwortlich sind. Sie wussten schon vor Jahrzehnten, dass die Gefahr letztlich die menschliche Existenz bedrohen würde, haben aber unverdrossen weitergemacht. Jene in der Luftfahrt, Schifffahrt sowie in der Automobil- und Schwerfahrzeugbranche wussten ebenfalls, dass ihre Flugzeuge, Fahrzeuge und Schiffe einen großen Anteil am Problem haben. Vielleicht kannten sie nicht das genaue Ausmaß ihres Beitrags, aber die grundsätzliche Erkenntnis war da, sonst wäre es wohl kaum dazu gekommen, dass manche bewusst Emissionsdaten fälschten. Die Kenntnis des Problems hat sie auch nicht davon abgehalten, weiter Fahrzeuge zu verkaufen und Schiffe in Betrieb zu nehmen, von denen sie wussten, dass sie extrem umweltschädigend sind.

Auch in der Zementindustrie wussten die Akteure, dass sie für riesige Mengen an CO_2 in der Atmosphäre verantwortlich sind, genauso wie jene in anderen energieintensiven Industrien. Gleichermaßen schuldig sind Manager in den zuarbeitenden Sektoren, etwa Zulieferer von Flugzeugmotoren, Fahrzeugtanksystemen und Fabrikfertigungsanlagen. Im fossilen Energiesektor wird der Prozess relativ einfach und überschaubar erfolgen können, da diese Gruppe nur rund 100 Unternehmen umfasst. Deren Manager und Aktionäre sind für ganze 71 Prozent der weltweiten CO_2-Emissionen aus dem fossilen Sektor in den letzten 30 Jahren verantwortlich.[54]

Dazu gehören nicht nur die naheliegenden Namen wie Exxon, Shell, BP, Suncor, Petrobras, Total, Eni und alle anderen Erdöl- und Erdgasunternehmen sowie BHP Billiton, Anglo American, Arch Coal, LafargeHolcim, HeidelbergCement, Italcementi und die übrigen Kohle- und Zementkonzerne, die für ihr Tun zur Rechenschaft gezogen werden müssen. Auch die Manager und Eigentümer der Unternehmen, die von der Verbrennung fossiler Rohstoffe profitiert haben, sollten sich den Folgen ihrer Handlungen stellen: Automobilhersteller wie General Motors, Ford, BMW, Daimler, Volkswagen, Toyota, Renault, Bosch, Continental, MAN, Volvo, Flugzeughersteller wie Boeing, Airbus, Rolls Royce, GE und Fluggesellschaften wie Lufthansa, British Airways und American Airlines zum Beispiel. Die Manager dieser Unternehmen sollten durch Führungskräfte ersetzt werden, die befähigt sind, die Unternehmen entweder von Grund auf umzukrempeln oder zu schließen. Wer eng mit umweltzerstörenden Sektoren zusammengearbeitet hat, in der Werbung, den Medien und der PR, sollte ebenfalls zur Rechenschaft gezogen werden, falls sie schädigende Aktivitäten gefördert haben oder die Öffentlichkeit in Fragen rund um Klimawandel, Emissionen oder Müll zu ihrem eigenen finanziellen Vorteil wissentlich in die Irre geführt haben.

WARUM ELEKTROAUTOS NICHT UNBEDINGT DIE ANTWORT SIND

Kann die Menschheit Emissionen reduzieren, indem sie auf Elektroautos umsteigt?

Das kommt darauf an …

1. … wie der Strom für das Aufladen der Batterien erzeugt wird.
2. … wie viel weniger Schadstoffe in der Herstellung und Entsorgung von Elektroautos im Vergleich zu fossil betriebenen Fahrzeugen in die Atmosphäre abgegeben werden.

Der Vergleich zwischen Elektroautos und konventionellen Autos ist komplex, da hierbei die Größe, das Alter sowie auch Art und Umfang der Nutzung des Elektroautos berücksichtigt werden müssen.

In Ländern, in denen Strom weitgehend durch die Verbrennung fossiler Rohstoffe erzeugt wird (China, Indien, Australien, Südafrika, Indonesien, Türkei, Mexiko), tragen Elektrofahrzeuge tendenziell dazu bei, die CO_2-Emissionen zu *erhöhen*. Die CO_2-Emissionen können sogar bis zu viermal so hoch sein.[55]

Wird der Strom aus erneuerbaren Quellen (einschließlich Atomkraft) erzeugt (Frankreich, Brasilien, Norwegen, Island und Paraguay), sind die CO_2-Emissionen *niedriger* als bei einem konventionellen Auto – etwa nur halb so hoch wie bei den besten Hybridfahrzeugen.

In Ländern, in denen der Strom aus einem Mix aus erneuerbaren und fossilen Energien erzeugt wird (Großbritannien, Deutschland, Japan), produziert ein Elektroauto ungefähr dieselbe Menge an CO_2-Emissionen wie ein kleiner Diesel-Pkw.

Nicht berücksichtigt sind dabei jedoch die Emissionen, die bei der Herstellung des Autos anfallen. Tatsächlich wird für die Fertigung eines Elektroautos mehr Energie verbraucht als für die eines konventionellen Autos.[56] Wenn für die Herstellung der Batterien ein Mix aus fossiler und erneuerbarer Energie verwendet wird, kostet ein Elektroauto in der Produktion 17,5 Tonnen CO_2.[57] Das entspricht der Menge an Emissionen, die ein kleines, effizientes Auto in vier Jahren ausstößt. Werden die Batterien in einem Land hergestellt, das für die Stromerzeugung hauptsächlich fossile Energie verwendet, kann die in der Herstellung des Elektroautos freigesetzte Menge an Emissionen gleich groß sein wie die Emissionen, die ein konventionelles Auto in acht Jahren ausstößt.

Ein weiteres Problem ist, dass für Elektroautos große Mengen an seltenen Metallen benötigt werden. Bei deren Gewinnung entstehen oft enorme Umweltschäden, Böden und Wasserwege werden verunreinigt, und durch die riesigen Mengen an Energie, die für die Gewinnung benötigt werden, können ebenfalls hohe Emissionen anfallen. Die Metalle Kobalt und Lithium kommen außerdem großteils aus der Demokratischen Republik Kongo, wo Menschenrechtsverletzungen und bedenkliche Arbeitspraktiken ein großes Problem darstellen.

Auch hinsichtlich ihrer Entsorgung sind Elektroautos problematisch, jedenfalls derzeit noch, da in den meisten Ländern kein Recycling- und Rückgewinnungsnetz vorhanden ist.

Zusammenfassend lässt sich sagen, dass Elektroautos auf lange Sicht durchaus zur Reduzierung der CO_2-Emissionen beitragen können, es aber keineswegs erwiesen ist, dass sie dies derzeit tun oder in naher Zukunft tun werden.

Manche Länder könnten davor zurückschrecken, die Top-Manager ihrer größten Unternehmen strafrechtlich zu verfolgen. In diesem Fall wäre es überlegenswert, eine Art Wahrheits- und Schlichtungskommission einzurichten, sodass diejenigen, die so viele Jahrzehnte hindurch so viel Umweltschaden angerichtet haben, sich erklären und öffentliche Wiedergutmachung leisten können. Diese Firmen, ihre Manager und Aktionäre sowie alle anderen, die von ihren Aktivitäten profitiert haben, sollten zumindest zu den Kosten der benötigten ökologischen und ökonomischen Wende beitragen.

Wohlfahrtssysteme müssen reformiert werden

Eine weitere wichtige Aufgabe für die Politik ist der Umbau der Sozialsysteme, sodass jene, die aufgrund der Maßnahmen zur notwendigen Wende ihren Arbeitsplatz verlieren, finanziell und emotional möglichst gut abgesichert sind. Diesen Personen muss ein Einkommen gezahlt werden, das gleich hoch ist wie ihr bisheriges Arbeitseinkommen oder zumindest nicht wesentlich darunter liegt, und das mitunter über Jahre. Aber nicht jedem würden diese Zahlungen zustehen. Für jene, die in den umweltschädlichsten Industrien in Vorstands- und Aufsichtsfunktionen tätig waren und die Verantwortung für das Klimaproblem tragen, kämen solche Zahlungen vermutlich nicht infrage. Doch jene, die in den großen Unternehmen der Fossilindustrie sowie in der Luftfahrt, Automobilbranche, Chemie, Schifffahrt und in damit verbundenen Zulieferunternehmen in untergeordneten Positionen tätig waren, brauchen eine finanzielle Überbrückung. Sie müssen Zahlungen vom Staat erhalten und für Arbeiten in sauberen Industrien – oder in den mit den Umstellungsprozessen befassten Sektoren – umgeschult werden.

Zusätzlich zur Erhöhung der Sozialleistungen sollte die öffentliche Hand ein Grundeinkommen für kranke und ältere Menschen vorsehen. Das würde die Umstellungsprozesse wesentlich erleichtern. Die Höhe der Zahlungen sollte rund ein Drittel des nationalen Durchschnittseinkommens betragen und kann schrittweise eingeführt werden, etwa über einen Zeitraum von 20 Jahren, damit die Gesellschaft ausreichend Zeit hat, sich an die neuen Bedingungen anzupassen.

Auch der Privatwirtschaft kommt in den Umstellungsprozessen eine Rolle zu. Angesichts so vieler neuer Investitionen von staatlicher Seite und der steigenden Nachfrage nach neuen Produkten und Dienstleistungen tun sich unzählige neue Betätigungsmöglichkeiten auf. In sauberen Sektoren werden Millionen neuer Arbeitsplätze entstehen, die jene, die mit der Schließung schmutziger Unternehmen verloren gehen, in hohem Maße ersetzen. In Bereichen der erneuerbaren Energien und Energiespeicherung, für die Schließung und den Rückbau von Fabriken, die effiziente Entsorgung von Maschinen und Geräten, den Bau neuer Bahninfrastrukturen, den Betrieb von Reparatur- und Recyclingzentren, den Bau von CO_2-Abscheidungsanlagen und für lokale Dienstleistungen und Beratungen rund um Maßnahmen für die benötigte Wende werden neue Unternehmen gebraucht. Millionen neuer Arbeitsplätze werden sich in der Landwirtschaft und im lokalen Nahrungsmittelvertrieb, im Bau, in der Elektrifizierung, in der Gerätevermietung, der Bio-Sequestrierung und in anderen Sektoren auftun.

Wie können andere ins Boot geholt werden?

Angesichts der gewaltigen Dimension der Herausforderungen und der voraussichtlichen Widerstände mag die Wahrscheinlichkeit, diese ökologische und ökonomische Wende tatsächlich durchziehen zu können, gering oder gar unvorstellbar erscheinen. Warum sollten Politiker eine solche Mammutaufgabe auf sich nehmen, wenn für sie persönlich nur wenige Vorteile herauszuspringen scheinen? Wäre es ihnen die Mühe wert? Auch wenn ganz Europa die nötigen Schritte unternimmt, um seine Wirtschaft von Grund auf umzubauen, wird sich der Klimawandel kaum verlangsamen. Will man das erreichen, muss die ganze Welt mit anpacken.

Die benötigte Wende ist außerdem schwer vorstellbar, solange die Menschheit immer noch so stark auf kurzfristige finanzielle Gewinne fokussiert ist. Es ist viel leichter zu glauben, dass die Schließung der Fossilindustrie, die drastische Eindämmung des Autoverkehrs, das Verbot aller Billigflüge und die radikale Reformierung der Landwirtschaft einen zu hohen Preis verlangen. Es ist viel leichter zu glauben, dass die Gesellschaft nur das tun wird, was profitabel ist, um die globale Erwärmung zu verlangsamen, nicht das, was tatsächlich erforderlich ist. Es ist leichter zu glauben, dass Staaten nicht das tun werden, was getan werden muss, wenn dadurch ein paar Tausend Menschen in der reichen Welt etwas von ihrem Reichtum einbüßen. Es ist leichter, in neue Deiche und Dämme zu investieren, statt den Anstieg der Meeresspiegel unter Kontrolle zu bringen, oder Wasser von schmelzenden Eiskappen in dürregeplagte Länder zu verschiffen, statt die Katastrophe an der Wurzel anzugehen.

Die Folgen eines solch leichtgläubigen, kurzsichtigen Denkens sind absehbar: Die Konzentration der Treibhausgase in der Atmosphäre wird weiter steigen, und das weltweite Klimaproblem wird sich weiter verschärfen. Letztlich, wenn die Temperatur der Erde so stark gestiegen ist, dass keiner mehr daran zweifelt, was da passiert, und es bereits zu spät ist, wird immens viel Geld in die CO_2-Abscheidung gepumpt werden, in der verzweifelten

Hoffnung, dass sich damit eine schnelle Lösung erzielen lässt. Wenn das nicht funktioniert, wird jemand schließlich »Geo-Engineering« ins Spiel bringen. Falls die Menschheit einfältig genug ist, um darauf zu hören, wird sie feststellen, dass die Ausbringung von Chemikalien in höheren Schichten der Atmosphäre oder der Abwurf von Atombomben in Vulkane zur Erzeugung einer Staubwolke tatsächlich dazu führen würde, dass sich die Erde für einige Zeit etwas abkühlt.

Aber langfristig würde alles nur noch schlimmer werden. Es steigt die Gefahr, dass die Ozeane sterben, die Flüsse verschmutzt und die noch verbliebenen Wälder vernichtet werden. Das wird die Menschheit jedoch vermutlich nicht davon abhalten, es zu versuchen, wenn sie verzweifelt genug ist.

Doch auch wenn viele von uns all diese Kurzsichtigkeit für wahrscheinlich halten, hoffe ich, dass genug Menschen den Mut aufbringen werden, um dagegen anzutreten und eine bessere Zukunft aufzubauen. Mir ist vollauf bewusst, dass meine Vorschläge und Warnungen höchstwahrscheinlich auf taube Ohren stoßen werden. Ich weiß aber auch, dass dieser Weg der einzig gute Weg ist, der uns noch bleibt.

Was müssen mutige Länder also tun, um andere davon zu überzeugen, Teil der radikalen Wende zu werden? Wie können die Willigen möglichst viele andere dazu bringen, mit an Bord zu kommen?

Teilweise werden die Mutigen Barrieren einführen müssen, um die Schwachen daran zu hindern, die nötige Wende durch den Export von schmutzigen Waren zu niedrigeren Preisen zu unterminieren. Aber es gibt noch einen besseren Weg: indem man andere durch Vorbildwirkung inspiriert. Um auf breiter Ebene große Veränderungen zu bewirken, besteht der einfachste Weg darin, jene Nationen und Organisationen, die die Probleme am besten verstehen, an einen Tisch zusammenzubringen. Um gemeinsam Möglichkeiten zu finden, wie sie konstruktiv kooperieren und eine breite Allianz bilden können, um die für die Wende nötigen Maßnahmen überzeugend einzufordern und konsequent durchzusetzen. Das mag eine in vielfacher Hinsicht ungewöhnliche Koalition von Nationen und Organisationen erfordern, die in der Vergangenheit nicht eng zusammengearbeitet haben.

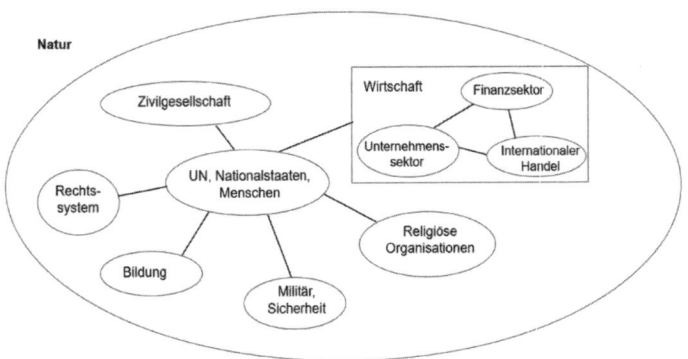

Gemeinsam an Lösungen arbeiten

Manche Länder haben besser erkannt als andere, welche Herausforderungen die Menschheit erwartet. Die Maßnahmen, die wir ergreifen müssen, erfordern globales Handeln, nicht bloß nationale oder regionale Bemühungen, daran besteht kein Zweifel. Aber irgendwo muss die Menschheit anfangen.

Deutschland und Österreich sowie der Großteil Skandinaviens, die Niederlande und vielleicht auch Schottland sind Länder, die besser erkannt haben, was zu tun ist. Diese Länder zeigen schon länger die Bereitschaft, Opfer zum langfristigen Vorteil der Mehrheit zu bringen. Ihre Bewohner haben einen ausgeprägteren Sinn für Zusammenarbeit und gemeinschaftliche soziale Verantwortung. Sie haben die globalen Klimaprobleme und sozialen Ungerechtigkeiten gut erfasst. Sie wissen besser, was auf dem Spiel steht und in welchem Ausmaß und Umfang die nötigen Veränderungen erfolgen müssen. Die restliche englischsprachige Welt ist vielleicht am weitesten davon entfernt, die Notwendigkeit radikaler Lösungen begriffen zu haben.

Ein weiteres Land, das sich als mögliches Mitglied einer globalen Koalition anbietet, ist China. Zwar ist China der größte Emittent von Treibhausgasen weltweit, aber das Land ist entschlossen, seine Luft, Böden und Wasserwege zu säubern und für seine Bewohner lebenswerter zu werden. China war schon in der Vergangenheit stets ein Land, das langfristig gedacht und Jahrzehnte in die Zukunft hinein geplant hat. Außerdem muss sich China zur Weiterentwicklung seiner Wirtschaft nach und nach von seiner fossilen Energieabhängigkeit befreien. Seine erklärte Vision, eine »ökologische Zivilisation« zu werden, lässt erkennen, dass das Land die globale Führungsrolle zur Erzielung einer ökologisch nachhaltigen Entwicklung bereits angetreten hat, trotz – oder wegen – seiner bisherigen Bilanz als weltgrößter Umweltverschmutzer.

Immerhin hat China bislang am meisten in erneuerbare Energien investiert. 2017 hat es mehr Geld in Solarenergie gepumpt als nahezu alle anderen Länder der Welt zusammen, 30 Prozent mehr als noch ein Jahr zuvor. Der im Jahr 2017 erreichte Kapazitätszuwachs an erneuerbarer Energie entspricht dabei ungefähr jener Menge, die benötigt wird, um jeden einzelnen der insgesamt 38 Millionen Haushalte in Deutschland mit Licht, Heiz- und Kühlenergie zu versorgen.[58] China gibt mittlerweile jährlich dreimal so viel für erneuerbare Energien aus als der zweitgrößte Energieverbraucher der Welt, die USA.

Andere Nationen, die für eine Zusammenarbeit zur Erzielung einer ökologischen und ökonomischen Wende offen sein könnten, sind Brasilien und Indien. Zwar sind beide Länder große Umweltverschmutzer, die hohe Summen in fossile Energien investiert haben, mittlerweile haben sich aber beide zur umfassenden Förderung erneuerbarer Energien bekannt. Beide leiden bereits immens unter den Folgen ihrer Verschmutzung von Wasser, Böden und Luft. Indonesien, Bangladesch, Pakistan und Nigeria mit an Bord zu haben wäre ebenfalls immens wertvoll, trotz ihres bisher mangelnden Führungswillens in puncto Umweltmaßnahmen. Entscheidungen, die in Jakarta, Dhaka, Islamabad und Lagos getroffen werden, sind für die Zukunft der Erde wichtiger als jene, die in Washington oder Brüssel fallen.[59]

Viele kleinere Länder, insbesondere jene, die von steigenden Meeresspiegeln betroffen sind, arbeiten möglicherweise bereits an entsprechenden Maßnahmen. Ein weiterer potenzieller Kandidat ist Japan, das große Summen in erneuerbare Energien investiert, unbedingt von fossilen Energieträgern wegkommen möchte und dafür bekannt ist, langfristig zu denken und kollektive Maßnahmen zum Vorteil aller zu ergreifen. Auch manche US-Staaten, allen voran Kalifornien, könnten sich als bereitwillige Teilnehmer erweisen.

Einzelne Politiker aus weniger aufgeklärten Ländern möchten sich vielleicht ebenfalls beteiligen, auch wenn die Stimmung im eigenen Land dagegenspricht. Viele nationale Politiker sowie auch Minderheitsparteien mit vielen Sitzen sind sich der Notwendigkeit einer radikalen Wende bewusst, schaffen es jedoch nicht, die Mehrheit dafür zu gewinnen. Jede unterstützende Stimme kann hilfreich sein.

Neben Nationen und Regionen gibt es weltweit auch Organisationen, die sich der Notwendigkeit einer radikalen Wende bewusst sind. Diese sollten Teil einer Koalition sein, allerdings nur dann, wenn sie tatsächlich davon überzeugt sind und entsprechend handeln. Denn: Viele Organisationen geben zwar vor, diese Notwendigkeit verstanden zu haben, ebenso wie viele Lobbyisten, internationale Organisationen, NGOs und Thinktanks, die Veränderungen nach außen hin unterstützen, tatsächlich aber eher unterminieren, da sie dem bestehenden System dienen oder von Unterstützern des aktuellen Systems finanziert werden. Hier ist also Vorsicht geboten.

>Heute spielt sich alles nach den Kriterien der Konkurrenzfähigkeit und nach dem Gesetz des Stärkeren ab, wo der Mächtigere den Schwächeren zunichtemacht. Als Folge dieser Situation sehen sich große Massen der Bevölkerung ausgeschlossen und an den Rand gedrängt: ohne Arbeit, ohne Aussichten, ohne Ausweg.«

Papst Franziskus, 2013[60]

In diesem Zusammenhang sind zunächst religiöse Organisationen zu nennen, die das Vertrauen von Milliarden von Menschen weltweit genießen. Die katholische Kirche etwa hat zu dieser Thematik besonders deutlich Stellung bezogen. So waren sowohl die von Papst Franziskus veröffentlichte Enzyklika »*Laudato si'*« zu ökologischen Fragen als auch das Apostolische Schreiben »*Evangelii gaudium*« zur Mission der Kirche und der Krise des Wirtschaftssystems enorm konstruktiv. Der Papst hat die aktuelle Wirtschaftsordnung auch als »fundamentalen Terrorismus gegen alle Menschlichkeit«[61] gegeißelt und das Ende einer Wirtschaft der sozialen Ausschließung angemahnt. Er hat die Menschheit zu einer ganzheitlichen Förderung der Armen aufgefordert, »die mehr ist als das bloße Sozialhilfesystem«, und nicht mehr blindlings auf die »unsichtbare Hand des Marktes«[62] als Lösung vertraut.

Andere religiöse Gruppen haben sich ebenfalls deutlich zu den Umweltproblemen weltweit geäußert, unter anderem die Church of England und die Church of Scotland. In Großbritannien und anderen Ländern hat auch die islamische Glaubensgemeinschaft wertvolle Beiträge geleistet ebenso die Religionsgemeinschaften der Sikhs, die Hindus mit ihrem »Bhumi Project«, der Weltkirchenrat und die interreligiöse Umweltbewegung »Green Faith«. Mit Sicherheit gibt es auch noch viele andere religiöse Gruppen und Organisationen, die ich nicht kenne und die in einer Koalition für die notwendige Wende eine Rolle spielen möchten.

Vielleicht weniger naheliegend für die Suche nach potenziellen Verbündeten ist das Militär. Dabei hat es in vielen Ländern, insbesondere in den USA und Deutschland, ein sehr gutes Verständnis und Bewusstsein für die Risiken, die mit dem Klimawandel einhergehen, da dieser eine wesentliche Bedrohung der Sicherheit und Stabilität darstellt. Auch hier lassen sich also möglicherweise Partner finden.

Ebenso würde eine Zusammenarbeit mit Bildungseinrichtungen und speziell mit Menschen in ihren Zwanzigern eine Koalition erheblich stärken. Denn obwohl viele Wirtschaftsuniversitäten maßgeblich zur aktuellen Problematik beigetragen haben und weiterhin beitragen, sind Änderungen in der Ausbildung bereits lautstark angemahnt worden. Bis heute beschränkt sich die Lehre allerdings (außer an einigen wenigen Universitäten) auf das neoliberale kapitalistische System.

Viele schließen daher ihr Studium ab, ohne je von alternativen ökonomischen und sozialen Entwicklungsmodellen gehört zu haben. Die meisten Wirtschaftsuniversitäten setzen ihren Schwerpunkt in der Lehre auf Gewinnerzielung und fördern damit ein kurzsichtiges Denken. Und auch wenn sie Module in Ökologie und Umwelt anbieten, hinterfragen nur wenige, warum die Volkswirtschaftslehre die Natur als Externalität[63] behandelt.

In einem großen Teil der akademischen Welt ist allerdings eine wachsende Gegenbewegung zu beobachten, die für eine Reformierung der Volkswirtschaftslehre eintritt und ihren Zweck neu definiert sehen möchte. Eine wachsende Anzahl von Universitäten bemüht sich, die Lehre auszuweiten, und unzählige Studierendenorganisationen fordern Reformen. Manche dieser Gruppen drängen darauf, den Lehrplan mit Blick auf ein umfassenderes ökonomisches Denken zu ändern. Sie finden, dass grüne Ökonomik, feministische Ökonomik, marxistische Ökonomik und dergleichen Eingang finden sollten. Andere wiederum kämpfen für ein grundlegendes Nachdenken darüber, wozu die Volkswirtschaftslehre überhaupt dient.

Diese Gruppen von Studierenden sind in zahlreichen Ländern gut organisiert und gut vernetzt. Viele haben eine klare Vorstellung davon, was im aktuellen System im Argen liegt, und sind sich bewusst, dass dieses System eine der Hauptursachen für die Umweltprobleme der Menschheit ist. Folglich wären diese Gruppen eine wertvolle Bereicherung der Koalition und könnten helfen, die Botschaft von der Notwendigkeit einer radikalen Wende an ein großes und junges Publikum zu übermitteln. Menschen unter 30 werden die Folgen des Klimawandels in einer weitaus härteren und länger andauernden Form zu spüren bekommen als ihre Eltern. Sie müssen daher befähigt werden, das zu tun, was notwendig ist, um sich und ihre Kinder zu schützen, auch wenn es für ihre Eltern schwierig sein mag.

Eine weitere wichtige Gruppe, die in der Koalition eine wertvolle Rolle spielen kann, sind die Gewerkschaften. Dass ihre Unterstützung benötigt wird, um eine geordnete Schließung vieler schmutziger Unternehmen sicherzustellen, liegt auf der Hand. Viele Gewerkschaften sind aber auch gut über die Mängel des aktuellen Wirtschaftssystems und die Gefahren des Klimawandels informiert und würden ebenfalls maßgeblich dazu beitragen können, die Gesellschaft über die Notwendigkeit radikaler Veränderungen aufzuklären.

Dem Rechtssystem und der Justiz kommt in einer Koalition ebenso eine wichtige Rolle zu, nicht nur zum Zweck der Entwicklung und Anwendung neuer Vorschriften, die für die Umstellungen erforderlich sind, sondern auch, indem sie der Menschheit helfen, rechtliche Fragen neu durchzudenken – wie die Menschheit die Natur behandelt, die Rechte anderer Lebewesen, die Rechte zukünftiger Generationen und die Strafverfolgung jener, die die Menschheit auf falsche Wege geführt haben. Zusätzlich müssen auch Richter in internationalen Umweltfragen geschult werden, damit sie diesbezügliche Fälle besser verstehen.

Die Rolle des Unternehmenssektors, der Finanzwelt und der konventionellen Ökonomie sollte in der ökologischen Wende vermutlich eher passiv als aktiv sein. Da nämlich das Wirtschaftssystem ein wesentlicher Teil des Problems ist und der Unternehmens- sowie der Finanzsektor für die Wirtschaft eine so zentrale Rolle spielen, können sie nur dann einen großen Beitrag zur Lösung leisten, wenn sie ihren Zweck, ihre Verantwortlichkeiten und ihre Eigentumsstrukturen radikal reformieren. Die Menschheit kann sich nicht durch findige Entrepreneure, Impact-Investoren und innovative Geschäftspraktiken von ihren Umweltproblemen befreien. Die Mechanismen des freien Marktes und die abartige Form des suizidalen Kapitalismus, der aktuell vorherrscht, können nicht gleichzeitig das Problem und die Rettung sein. Geschäftsleute und Banker sehen sich nicht in der Verantwortung für den Pfad, den die Gesellschaft wählt, weder für das Wohlergehen der Menschheit. Die Lösung des Klimaproblems ist für sie nur dann von Interesse, wenn für sie ein Gewinn herausspringt. Das liegt nicht daran, dass ihren Managern das Schicksal der Gesellschaft gleichgültig ist, zumindest trifft das nicht bei allen zu. Das System funktioniert aber nun einmal so. Wenn wir also darauf setzen, dass die Geschäfts- und Finanzwelt die Herausforderungen der Menschheit lösen wird, sind wir schlecht beraten.

Aber auch wenn sie zur Veränderung des Systems nicht viel beitragen können, gibt es doch Wege und Möglichkeiten, wie sowohl die Geschäftswelt als auch die Finanzwelt eine konstruktivere Rolle spielen können als heute. Sie können aus Sektoren aussteigen, die der Umwelt schaden. Sie können in Isolierungsmaßnahmen und Energieeffizienz investieren. Sie können wasserschonend arbeiten. Sie können ihre Berichtszyklen von vierteljährlich auf jährlich umstellen und auf Anteilseigner setzen, die längerfristig denken. Sie können einer der Koalitionen nachhaltiger Unternehmen beitreten – B-Team, Global Compact der Vereinten Nationen und »We Mean Business« – um Ideen und Best Practices auszutauschen. Sie können Produkte mit einer längeren Lebensdauer entwickeln, die repariert, wiederverwertet und wiederverwendet werden können – und dafür einen höheren Preis verlangen. Und sie können dafür sorgen, dass ihre Geschäftspraktiken ökologisch so nachhaltig sind wie nur irgend möglich, und von ihren Lieferanten und Kunden dasselbe verlangen.

Wohltätigkeit und CSR sind bloß Blendwerk

Was die Geschäfts- und Finanzwelt allerdings meiden sollte, ist Greenwashing, Charity-Aktivitäten und Investitionen in Corporate Social Responsibility (CSR). Diese dienen lediglich dem

Schein und machen die Situation häufig nur noch schlimmer. Viele Unternehmen sind in den letzten Jahren auf den Öko-Zug aufgesprungen, um zu zeigen, wie sehr ihnen gesellschaftliche Verantwortung am Herzen liegt. Ihre Beweggründe mögen durchaus löblich sein, doch meist tun sie dies, weil es Umsatz und Gewinn ankurbelt. Wäre dem nicht so, würden ihre Aktionäre rasch abwinken. Daher werben sie damit, dass ihre Verpackungen »recycelbar« sind, auch wenn nichts davon jemals recycelt wurde, oder sie spenden Geld an Nachhaltigkeitsorganisationen, um deren Logos verwenden zu dürfen und sich mit einer Aura des Guten zu umgeben. Andere spenden an karitative Einrichtungen, die für medienwirksame Anliegen eintreten, zum Beispiel Biodiversität oder Geschlechtergerechtigkeit.

In solchen Fällen polieren die betreffenden Unternehmen nicht nur ihr Image auf, was sich in höheren Umsätzen niederschlägt, sondern sie verwässern auch das Konzept der Nachhaltigkeit, indem sie daraus ein Marketingtool machen statt ein echtes Ziel um der Sache willen. Sie stiften Verwirrung und säen Zweifel, mitunter sogar bewusst, wodurch es für Konsumenten und Gesetzgeber schwierig wird zu erkennen, was nun wirklich nachhaltig ist.

Ebenso sollte die Einbindung karitativer Organisationen selbst in eine Koalition vermieden werden, wenn auch aus anderen Gründen.

Karitative Organisationen sind in den letzten Jahrzehnten wie Pilze aus dem Boden geschossen, und nur wenige fragen sich, warum. In Großbritannien nahmen registrierte Charities im Jahr 2016 um 78 Prozent mehr ein als noch zehn Jahre zuvor,[64] und in den USA, wo es über eine Million öffentliche Charity-Organisationen und über 100.000 private Stiftungen gibt,[65] sind deren Einnahmen doppelt so schnell gestiegen wie die Wirtschaft insgesamt.[66]

Das Problematische an den meisten dieser Organisationen ist, dass sie jene Teile des Wirtschafts- und Sozialsystems, denen sie nicht geholfen haben, meist unterschlagen, statt sie für alle sichtbar aufzudecken. Sie behandeln tendenziell auch nur die Symptome, nicht die Ursachen der Probleme. Sie sind ein Ersatz für die gute Gesellschaft und behindern mit ihrer wachsenden Anzahl immer mehr die eigentlich benötigten *strukturellen* Veränderungen.

Was wird die radikale Wende kosten?

Im Grunde genommen tut Geld hier nichts zur Sache. Wir haben ohnehin nur die Wahl zwischen a) radikalen Lösungen zugunsten einer nachhaltigeren Zukunft oder b) dem existenziellen Kollaps. Eigentlich sollte es nichts geben, was uns davon abhält, den besseren Weg zu gehen. Am allerwenigsten sollte uns die Frage des Geldes im Weg stehen. Geld ist doch bloß ein menschliches Konstrukt. Es ist nicht real. Falls nötig, sollte Geld gedruckt werden, um den Übergang in eine nachhaltigere Zukunft zu finanzieren. Wenn Billionen von Euro, Dollar, Yen und Pfund gedruckt werden konnten, um den Bankensektor nach der Finanzkrise 2008 zu retten, sollten wir doch problemlos Geld drucken können, um das Überleben der Menschheit zu sichern. Falls Banken, Unternehmen und Länder dadurch bankrottgehen, besteht die Herausforderung darin, die Auswirkungen unter Kontrolle zu halten und die Unschuldigen zu schützen. Bankrotte Banken bringen uns nicht um. Der Klimawandel hingegen tut es.

Dennoch sind hier Berechnungen angebracht, und es ist gut zu wissen, dass die finanziellen Kosten insgesamt nicht sehr hoch sein müssen, falls die Menschheit die Wende rasch angeht. Einer

Studie[67] zufolge würden sich die Kosten, wenn sie auf einen Zeitraum von 20 Jahren oder mehr verteilt werden können, auf jährlich ein bis zwei Prozent des weltweiten BIPs belaufen. Das wäre der Betrag, der für umfassende Investitionen in Elektrifizierung, Energieeffizienz und Isolierungsmaßnahmen sowie in die Umstellung der Stromerzeugung auf erneuerbare Energien benötigt wird.

In Zahlen ausgedrückt sind das zwischen 600 Milliarden und 1,2 Billionen Euro pro Jahr, in etwa so viel, wie im Jahr 2017 weltweit für Rüstung ausgegeben wurde. Über 20 bis 25 Jahre gerechnet wären dies rund 30 Billionen Euro, rund die Hälfte des heutigen weltweiten BIPs.

Das wäre allerdings erst der Anfang. Die Kosten für die Schließung von Industriesektoren, die Auszahlung von Sozialleistungen für jene, die ihren Arbeitsplatz verlieren, und die Entwicklung von Ersatzlösungen für viele der heute verwendeten Baustoffe sind darin noch nicht berücksichtigt. Der Rückgang des BIPs aufgrund der Schließung vieler großer Unternehmen ist nicht berücksichtigt. Ebenfalls nicht berücksichtigt sind die Auswirkungen eines verringerten Konsums auf viele kleine Unternehmen. Die Schätzung berücksichtigt auch nicht die Folgen des verringerten Handels mit der armen Welt, die notwendige Suche nach Möglichkeiten, um Geschäftstätigkeiten mit wesentlich weniger Flügen zu bewerkstelligen, die Folgen aus der Reformierung der Agrarwirtschaft und der drastischen Reduzierung von Müll. Ebenso wenig eingerechnet sind die positiven Effekte, die sich aus neuen Geschäftstätigkeiten oder Arbeitsplätzen im Recycling, in erneuerbaren Energien, in der Planung, in der Sozialleistungsverwaltung und im Management industrieller Umstellungsprozesse ergeben.

Auch die Kosten von Stranded Assets sind in dieser Schätzung nicht erfasst. Der Großteil des Geldes, das in fossilen Rohstoffvorkommen, konventionellen Kraftwerken, Flugzeugen, Schiffen und Kraftfahrzeugen gebunden ist, wird abgeschrieben werden müssen. Nicht eingerechnet sind außerdem jene Vermögenswerte in Höhe von Billionen von Euro, die durch den Klimawandel wertlos werden – Häuser, die ins Meer geschwemmt werden, Städte, die verlassen werden müssen –, und die meist nicht versichert sind. Ebenso nicht berücksichtigt sind die Kosten, die benötigt werden, um Autobahnen höher zu legen, Tausende von CCS-Anlagen zu errichten, Gebäudefundamente zu verstärken, zusätzliche Klimaanlagen zu installieren oder das Militär für die Sicherung der begehrtesten Plätze der Erde zu bezahlen.

Diese zusätzlichen Kosten, und viele mehr, werden die Rechnung immens erhöhen. Die reiche Welt wird davon stärker betroffen sein als die arme Welt, was ein weiteres Problem darstellt: Es steigt das Risiko, dass sich jene, die am meisten zu verlieren haben, den nötigen Veränderungen in den Weg stellen werden. Auch das muss bedacht und gelöst werden.

Die finanziellen Kosten wären natürlich langfristig noch höher, wenn keine radikalen Umstellungen erfolgen. Der Großteil der heutigen Wirtschaft würde verloren gehen. Wenn die Menschheit in ihrem Handeln zögert, werden die Kosten ebenfalls kräftig steigen. Falls sie bis 2030 wartet und die Wende dadurch viel schneller erfolgen muss, zu einem Zeitpunkt, an dem die fataleren Effekte des Klimawandels bereits eingesetzt haben, würden die grundlegenden Kosten, die oben mit ein bis zwei Prozent des weltweiten BIPs beziffert wurden, auf jährlich rund sechs Prozent des weltweiten BIPs hochschnellen. Andere Schätzungen gehen sogar von bis zu zehn Prozent aus, falls die Menschheit wartet, bis es beinahe zu spät ist. Das heißt, wir müssten zehn Prozent der Wirtschaftsleistung aus dem Konsum abziehen, um die Kosten für Elektrifizierung, erhöhte Energieeffizienz und erneuerbare Energien zu zahlen. Auch alle anderen Kosten würden kräftig steigen. Der Übergang wäre viel schwieriger zu steuern und hätte viel heftigere soziale Auswirkungen.

Wie kann dies finanziert und strukturiert werden?

Teile der Kosten für die notwendige Wende können von der Privatwirtschaft finanziert werden. Sobald die Kosten für erneuerbare Energien mit jenen für fossile Brennstoffe mithalten können (wofür die Regierungen durch Subventionen sorgen können), werden Unternehmen auf den Plan treten, um die erforderliche Infrastruktur zu bauen. Durch vorgeschriebene Einschränkungen in der Verwendung von Autos, Schiffen und Flugzeugen werden findige Unternehmen versuchen, attraktive Alternativen zu entwickeln. Aufgrund von höheren Energiekosten wird die Nachfrage nach Isolierungsmaßnahmen und mehr Energieeffizienz steigen und damit die Geschäftsmöglichkeiten für privatwirtschaftliche Unternehmen. Wenn keine Avocados mehr aus Chile verschifft oder aus Israel eingeflogen werden dürfen, werden Bauern in Europa ihr Möglichstes tun, um die Lücke mit eigenen Produkten zu füllen. Für die Wiederverwendung und Reparatur von Produkten werden neue Branchen entstehen. Auch der Dienstleistungssektor wird größer werden, um die steigende Nachfrage nach Umstellungsberatungsdiensten zu bedienen.

Teile der Kosten sollten aus den Vermögenswerten der schmutzigen Industrien, ihren Top-Managern und Aktionären finanziert werden. Weitgehend wird die erforderliche Wende jedoch von den Regierungen gesteuert und finanziert werden müssen. Die Veränderungen in landwirtschaftlichen Anbaumethoden erfordern mehr als bloß einen kleinen Anschub in Form von Steuererleichterungen und finanziellen Anreizen. Auch Unternehmen werden vielfach Umstellungshilfen benötigen, während in anderen Fällen der Staat eventuell Vermögenswerte von Unternehmen erwerben muss – etwa wenn diese Wasserressourcen kontrollieren, die vom Klimawandel bedroht sind –, damit sie zum Vorteil der Bauern und der Gesellschaft eingesetzt werden können.

Auch die Konsumenten werden einen Teil der Kosten tragen. Sie müssen ihr Konsumverhalten ändern und ihre Nutzung jener Waren und Dienstleistungen einschränken, die der Umwelt am meisten schaden. Bei vielen häufig gebrauchten Gütern wird der Preis steigen, insbesondere bei Energie, Baumaterialien und Verkehr.

Um diese Umstellungen zu erleichtern, können Regierungen drei große Anreize anbieten. Erstens können sie die Steuern auf Arbeit deutlich senken, damit die Menschen merken, dass sie für die höheren Preise entschädigt werden. Indem Arbeit weniger besteuert wird, sinken die Lohnnebenkosten, ohne die Realeinkommen der Arbeitnehmer zu reduzieren. Das würde Unternehmen dazu motivieren, mehr Arbeitskräfte einzustellen und während der Zeit der Umstellungen beizubehalten. Regierungen können stattdessen Ressourcenverbrauch, Energie, Emissionen, Unternehmen, die Reichen und deren Erbschaften besteuern.

Zweitens können sie die vorgeschriebene Anzahl Urlaubstage erhöhen, damit Arbeitnehmer mehr Freizeit haben. Dies bringt zahlreiche Vorteile. Die verfügbare Arbeit wird auf mehr Personen aufgeteilt und die Arbeitslosenrate in der Zeit der Umstellungen reduziert. Wohlstand wird besser umverteilt. Und Menschen können ihr Leben mehr genießen. Wenn andere ähnlich gestellt sind, sind Menschen in der Regel glücklicher.

Drittens könnten Regierungen bezahlte Arbeit neu definieren und so das Einkommen von Millionen von Menschen verbessern. Im aktuellen Wirtschaftssystem werden viele wichtigen Arbeiten unbezahlt verrichtet, während zahlreiche Arbeiten von genau derselben Art bezahlt werden. Millionen von (meist) Frauen arbeiten Tag für Tag in den eigenen vier Wänden, wo sie Kinder, Kranke und ältere Angehörige betreuen und pflegen. Sie tun dies ohne Bezahlung, obwohl sie Tätigkeiten der restlichen Wirtschaft abbilden – Schulen, Kindergärten, Krankenhäuser und Pflegeheime, wo Menschen dafür bezahlt werden, dass sie genau dieselbe Arbeit verrichten. Wenn man das ändert und jene, die zu Hause arbeiten, in die Wirtschaft einbringt und für ihre Arbeit entlohnt, würde man die Erwerbsbevölkerung vergrößern, Einkommen umverteilen und das BIP erhöhen, ohne Ressourcenverbrauch, Energie oder Umweltverschmutzung zu steigern. Es würde auch die Geschlechterungleichheit reduzieren und Familien in der Zeit der großen Umstellungen helfen.

Andere Kosten können finanziert werden, indem der Staat Vermögenswerte verkauft, Staatsanleihen auflegt und Geld druckt. Steuern können auch über viele neue Wege zufließen. Doch wie schon gesagt, sind die Kosten der erforderlichen Wende und deren Finanzierung zweitrangig. An erster Stelle steht vielmehr, dass wir uns klarmachen müssen, wie wir die erforderlichen Veränderungen auf den Weg bringen und wie sie umgesetzt werden sollten, damit sie für die Menschen so erträglich und vorteilhaft wie möglich erfolgen.

Die arme Welt muss andere Wege gehen

Was sollte die arme Welt tun? Ich habe einleitend geschrieben, dass dies weitgehend ein Buch für und über die reiche Welt ist. Zum einen, um den Umfang in Grenzen zu halten und ein kürzeres und leichter verdauliches Buch vorlegen zu können. Der

Hauptgrund ist jedoch, dass die Herausforderungen der armen Welt anders gelagert sind. Hinzu kommt, dass es weitgehend die reiche Welt ist, die für die Umweltprobleme unseres Planeten verantwortlich ist und die von ihren Möglichkeiten her am besten in der Lage ist, sie zu lösen.

Dennoch werden Entscheidungen, die in der armen Welt getroffen werden, für den Erfolg oder Misserfolg einer globalen Wende in eine nachhaltigere Zukunft den Ausschlag geben. Immerhin wird in der armen Welt in Zukunft das höchste Emissionsvolumen produziert werden, wenn keine Veränderung erfolgt. Für eine erfolgreiche globale Wende müssen auch China, Indien, Afrika, Südamerika und das restliche Asien Veränderungen durchsetzen.

Aber die arme Welt muss sich auf andere Veränderungen konzentrieren als die reiche Welt. Bislang wurde Entwicklung in der reichen und in der armen Welt auf dieselbe Art und Weise vorangetrieben, in den kommenden Jahren muss die Herangehensweise und das Denken jedoch unterschiedlich angegangen werden. Die Bedürfnisse der armen Welt, mit 6,5 Milliarden Menschen, unterscheiden sich doch von jener einen Milliarde, die heute in der reichen Welt lebt. In der reichen Welt gibt es bereits genug Arbeit, Wohlstand und Einkommen für alle, und die Bevölkerungsgröße stagniert entweder oder wird voraussichtlich sinken. In der armen Welt herrschen in weiten Teilen immer noch Entwicklungsprobleme, und die Bevölkerung wächst nahezu überall. Die Entwicklungspolitik der reichen Welt hat dem Großteil der armen Welt in den letzten 30 Jahren außerdem mehr geschadet als genützt. Armut ist weiterhin ein riesiges Problem, Ungleichheit ebenso. Das aktuelle Wirtschaftssystem hat dazu geführt, dass der Großteil der armen Welt unter dem Deckmantel offener Märkte seiner Ressourcen beraubt wurde und wird. Eine bessere Welt ist dadurch nicht entstanden.

Die Mehrheit der Menschen in der armen Welt hat bis heute keinen Zugang zu elementaren Voraussetzungen eines menschenwürdigen Lebens: Nahrungsmittelsicherheit, sauberes Wasser, dauerhafte Unterkunft, adäquate Sanitärversorgung und Zugang zu Energie. Dafür zu sorgen wird nahezu genauso wichtig sein wie die Maßnahmen gegen die globale Erwärmung. Sie sollten daher Hand in Hand gehen.

Die arme Welt ist heute aufgrund des wirtschaftlichen und ökologischen Geschehens in den letzten 30 Jahren enorm eingeschränkt hinsichtlich dessen, was sie selbst erreichen kann. Die reiche Welt hat die Fähigkeit der armen Welt, ihre Entwicklung selbst zu gestalten, stark beschnitten. Die arme Welt kann die Lebensstandards nicht auf so ressourcenintensive Weise anheben, wie dies die reiche Welt getan hat, da sich dadurch das Klimaproblem sowie viele andere ökologische Probleme noch mehr verschlimmern würden. Die Herangehensweise in Luanda, Lima oder Jakarta muss daher anders sein als jene, die seinerzeit in London oder Tokio angewandt wurde. So müssen die Hauptstädte der armen Welt nicht nur das Problem steigender Einwohnerzahlen lösen und den damit erhöhten Verschmutzungsgrad und Energiebedarf, sondern sie müssen auch unrealistische Erwartungen im Hinblick auf Entwicklung und Konsum bewältigen. Sie werden den Umfang ihrer wirtschaftlichen Entwicklung so eingrenzen müssen, dass diese ausgewogener erfolgt.

Das wird vermutlich zu Frustration und Verärgerung führen, die sich teilweise gegen lokale Politiker und Aufsichtsinstanzen, großteils aber gegen die reiche Welt richten werden (oder sollten). Die Hauptverantwortung für die Misere der armen Welt liegt bei der Nachkriegsgeneration der reichen Welt.

So müssen die Menschen in der armen Welt viel mehr noch als jene in der reichen Welt ihre Hoffnungen auf persönlichen

Aufstieg aus kollektiver Notwendigkeit heraus opfern. Die Fokussierung auf den Ausbau von Städten auf Kosten ländlicher Gebiete muss großteils revidiert werden. Das muss allerdings kein Nachteil sein, da in vielen Städten der armen Welt das Leben angesichts steigender Temperaturen ohnehin zusehends unerträglich wird. Viele sind aufgrund von Verkehrschaos, Luftverschmutzung und Armut schon jetzt nicht mehr sonderlich lebenswert. Um die Emissionen zu reduzieren, muss der Autoverkehr stark eingeschränkt werden. Das wird nicht nur die Mobilität in schlecht erschlossenen Gebieten reduzieren, sondern auch die Träume von aberhundert Millionen von Menschen zerstören, die schon lange auf ein eigenes Auto gehofft haben.

Viele Bauern der armen Welt werden darunter leiden, dass ihnen die Exportmärkte in der reichen Welt abhandenkommen. Sie werden außerdem ihren Anbau wesentlich nachhaltiger gestalten müssen, unter Einsatz von weniger Chemie und weniger Maschinen. Viel Geld wird in eine bessere Bewässerung zur Steigerung des Ernteertrags bei Grundnahrungsmitteln investiert werden müssen. Das bedeutet einen höheren Personalbedarf und damit voraussichtlich auch eine gewisse Migration aus den Städten. In manchen Ländern werden außerdem Wasservorräte ein großes Problem darstellen, das Bauern dazu zwingt, ihr Land zu verlassen.

Hier sollte die reiche Welt helfen, nicht nur aus moralischen Beweggründen, sondern um die Auswirkungen des Klimawandels einzudämmen. Die reiche Welt sollte Aufforstungsprojekte bezahlen und unterstützen, um Kohlendioxid zu binden und Versteppung und Wüstenbildung zu verlangsamen. Sie sollte für den Transfer der neuesten Technologie in die Landwirtschaft und Energieerzeugung sorgen und auch die Kosten dafür weitgehend tragen. Riesige Investitionen werden in der Solar- und Windenergie benötigt werden, ebenso im Versorgungsnetz. Es bestünde vielleicht sogar die Möglichkeit, einen Teil dieser Energie (wo dies möglich und sinnvoll ist) an die reiche Welt zu exportieren – das wäre eventuell ein zusätzlicher Anreiz.

Die arme Welt wird zudem andere Modelle für wirtschaftlichen Fortschritt finden müssen und benötigt dazu die Freiheit, Alternativen selbst auszuloten, ohne Behinderung durch das neoliberale Dogma der reichen Welt. Regierungen der armen Welt sollten nicht von westlichen Ideologen geschulmeistert werden, die mit ihren Herausforderungen keine Erfahrung haben. Der Vorteil liegt auf der Hand: Politiker und Ökonomen der armen Welt bekommen die Chance, ihre Entwicklung nach ihrem eigenen Dafürhalten voranzutreiben, statt untertänig die westlichen Vorstellungen von Fortschritt zu erfüllen.[68]

Unerwünschtes einschränken

So, wie in der reichen Welt, sollten die Regierungen der armen Welt ebenfalls alles Unerwünschte besteuern, nicht das Erwünschte. Statt auf Arbeit sollten sie Steuern auf Ressourcenverbrauch, Umweltverschmutzung und Müll erheben. Mit dem Unterschied jedoch, dass in vielen armen Ländern nur wenige Menschen Steuern zahlen, wodurch diese Veränderung nicht allzu viel bewirken würde. Wichtig ist diese Maßnahme dennoch, um ein Zeichen zu setzen. Menschen Arbeit zu geben sollte nicht mehr kosten oder zumindest nicht viel mehr, als die Löhne, die sie erhalten. Stattdessen sollte exzessiver Wohlstand besteuert werden – davon gibt es viele Fälle. Angesichts der weitverbreiteten Korruption in vielen armen Ländern wird das allerdings nicht einfach werden. »Rolex und Relax« ist ein gängiger Spruch zur Beschreibung des

Luxuslebens, das sich die Reichen durch ein auf Schmiergeldmachenschaften aufgebautes System spendieren. Da die Mächtigen das System von sich aus vermutlich kaum ändern werden, liegt es an der Justiz, Veränderungen gegenüber Menschen mit Geld und Macht durchzusetzen und dafür zu sorgen, dass gewählte Vertreter des Volkes stärker zur Rechenschaft gezogen werden. Auch hier liegt es im Interesse der reichen Welt, möglichst viel Hilfe anzubieten, da eine Reform der Justiz in der armen Welt zahlreiche soziale Vorteile mit sich brächte, nicht zuletzt auch eine größere politische Stabilität.

Arme Länder sollten die Möglichkeit ausloten, verstärkt Genossenschaften für ihre Entwicklung zu nutzen, damit mehr Menschen am Fortschritt teilhaben und nicht von Schulden erdrückt werden. Viele armen Menschen sind in den letzten 20 Jahren dazu verleitet worden, Mikrokredite für Investitionen in Kleinstbetriebe aufzunehmen. Die Darlehensbeträge sind meist gering, die Verwaltungskosten und Zinsen häufig hoch. Das hat dazu geführt, dass Millionen von Menschen mit immer höheren Schulden zu kämpfen haben, die sie nicht mehr abzahlen können und daher ihr Stück Land oder ihren Betrieb verkaufen müssen, während Geldgeber Gewinne einstreichen. Insofern ist es viel besser, die Gründung von Spar- und Kreditgenossenschaften zu fördern, deren Erträge und Kosten in der Gemeinschaft bleiben.

Die arme Welt sollte außerdem von der reichen Welt den Erlass ihrer Schulden fordern, um sie von der Zinslast zu befreien. Aufgrund von Kreditvergaben in der Vergangenheit haben so viele arme Länder einen so hohen Schuldendienst gegenüber der reichen Welt zu leisten, dass ein großer Teil ihres Steueraufkommens in Zinszahlungen fließt. Laut dem Weltwährungsfonds (IMF)[69] würde ein vollständiger oder teilweiser Schuldenerlass für 39 Länder rund 75 Milliarden US-Dollar (Stand 2014) kosten – das entspricht ungefähr jener Geldmenge, die die US-Notenbank im selben Jahr *jeden Monat* im Rahmen ihres quantitativen Lockerungsprogramms druckte. Die Befreiung der armen Welt von dieser Last würde einen großen Beitrag zur Stimulierung der Entwicklung und Schaffung von Arbeitsplätzen leisten. Dies wäre zum Vorteil der reichen Welt, da die Migration, die großteils aufgrund von Ungleichheiten und Arbeitsmangel erfolgt, dadurch zurückgehen würde. Durch eine geordnetere Entwicklung und wesentlich höhere lokale Investitionen würden sich die Lebensstandards verbessern und das Bevölkerungswachstum verlangsamen.

Der finanzielle Transfer von Nord nach Süd wird jedoch noch viel höher sein müssen. Um den Übergang zu erleichtern, sollte die reiche Welt an die arme Welt umfangreiche Entschädigungen für ihre Not zahlen, immerhin resultiert diese weitestgehend aus einer jahrhundertelang betriebenen Ausbeutungspolitik der reichen Welt. Arme Länder sollten dafür bezahlt werden, dass sie ihre fossilen Rohstoffe nicht verbrennen und nicht abbauen und dass sie ihre Zementfabriken schließen – das wäre im Interesse aller. Die reiche Welt sollte das Gros der Kosten für Aufforstungsmaßnahmen übernehmen und Bauern für verloren gegangene Exportmärkte entschädigen. Durch die Fixierung auf freien Handel sind viele Entwicklungsländer heute kaum mehr als Lieferanten für Rohstoffe und billige Arbeitskräfte sowie wachsende Absatzmärkte für die Produkte der reichen Welt. Die damit verbundene Politik der reichen Welt hat armen Ländern eine Weiterentwicklung jenseits des Abbaus von Rohstoffen nahezu unmöglich gemacht. Sie sollten aber die Freiheit haben, ihren Handel und ihre internationalen Beziehungen von Grund auf neu zu überdenken.

Ein radikalerer Vorschlag bestünde darin, dass die Menschen der reichen Welt jenen in der armen Welt ein Grundeinkommen zahlen. Das wäre vielleicht gar nicht einmal so teuer, wenn man bedenkt, dass man mit dem Geld, das ein Caramel Latte in New York kostet, in einem armen Land mehrere Menschen einen ganzen Tag verköstigen könnte. Diese Zahlung eines Grundeinkommens könnte zum Beispiel in der Form erfolgen, dass man jedem Menschen weltweit dasselbe Recht auf Verbrennung einer bestimmten Menge an fossilen Rohstoffen zuteilt. Jene in der armen Welt hätten dasselbe Recht wie jene in der reichen Welt. Da die Armen weniger Bedarf an der Verfeuerung fossiler Rohstoffe haben, könnten sie ihr Recht an die Reichen verkaufen, die einen höheren Bedarf haben. So könnte Vermögen umverteilt werden, und Menschen in der reichen Welt hätten zugleich einen Anreiz, weniger fossile Energie zu verbrauchen. Mit sinkendem Kohleverbrauch könnten zudem die Kosten für die Verbrennung von Kohle steigen, sodass ein beständiger Geldzufluss an die arme Welt erhalten bliebe.

Neben der verringerten Besteuerung von Arbeit sollte die arme Welt auch einen Mindestlohn festsetzen, um Menschen in der Zeit der Umstellungen zu helfen. Faire Löhne stärken die Arbeitsmoral, erhöhen die Produktivität und reduzieren die Mitarbeiterfluktuation. Aus sozioökonomischer Sicht steigt mit höheren Löhnen das Wohlbefinden und die wirtschaftliche Aktivität, weil mehr ausgegeben wird. Ein festgeschriebener Mindestlohn sorgt außerdem dafür, dass sich alle Unternehmen an dieselben Spielregeln halten müssen, und führt zu einem höheren durchschnittlichen Lebensstandard innerhalb der Gesellschaft. Damit verringert sich auch die Gefahr von Sklaverei, die vor allem dort Fuß fassen kann, wo für viele Arbeitswillige nur wenige Arbeitsplätze verfügbar sind.

Zur Sicherstellung eines Mindestlebensstandards sollte die Versorgung mit Strom, Wasser und Kanalisation eine weitere Priorität sein. Der Aufbau der dafür erforderlichen Infrastruktur wird

Millionen von Jobs schaffen und vielen Millionen von Menschen ein menschenunwürdiges Leben in Slums ersparen. Mit der Entwicklung einer Infrastruktur für Strom und Wasser sinkt auch die Verschmutzung, solange die genutzte Energie aus sauberen Quellen stammt. Hier sollte die reiche Welt, wie schon gesagt, eine Rolle spielen, indem sie die neueste Technologie bereitstellt und die Kosten für deren Installation trägt. Dies ist im Interesse aller.

Was bedeutet das alles für mich?

Wenn ich Vorträge halte, werde ich oft gefragt: »Was kann ich tun?« Das ist eine der schwierigsten Fragen überhaupt. Was kann jeder Einzelne von uns tun, um die radikale Wende zu ermöglichen und für eine nachhaltigere Welt zu sorgen? Die Antwort ist: leider nicht viel.

Vegan zu leben, Flaschen und Plastik zum Recycling zu bringen, kein eigenes Auto mehr zu haben, den Zug zu nehmen statt das Flugzeug und Energie zu sparen, wann und wo immer dies möglich ist – all das ist natürlich hilfreich. Aber am aktuellen Schicksal der Menschheit wird sich nichts ändern, sofern nicht radikale Umstellungen in einem viel größeren Ausmaß erfolgen. Auch wenn jeder Europäer, oder sogar jeder Bewohner der reichen Welt, beschließen würde, so nachhaltig wie möglich zu leben, würde sich insgesamt nichts ändern. Für jeden Bürger der reichen Welt, der ab sofort kein Fleisch mehr isst, kommen derzeit Hunderte neue Fleischesser in der armen Welt hinzu. So hat sich die weltweite Fleischproduktion in den letzten vier Jahrzehnten verdreifacht und ist in den letzten zehn Jahren um 20 Prozent gestiegen. Der Konsum wächst also schneller als die menschliche Bevölkerung.[70] Ebenso kommen für jeden Europäer, der sein

Auto zugunsten des öffentlichen Verkehrs aufgibt, Hunderte neue Autobesitzer in Indien und China dazu. Autoverkäufe erreichen heute Rekordniveaus, wobei China der größte Markt der Welt ist. Für jedes mit erneuerbaren Energien betriebene Kraftwerk in Europa werden in Indien mehrere Kohlekraftwerke gebaut.

Einzelpersonen können nur dann echte Veränderungen bewirken, wenn sie gemeinschaftlich agieren, als Aktivisten, Aktionäre und Wähler. Sie können auf Veränderungen in der Politik und im Bildungssystem drängen. Sie können verlangen, dass die Kosten der erforderlichen Wende gerecht aufgeteilt werden, sodass die Reichen mehr bezahlen als die Armen. Sie können sich in Organisationen engagieren, die Veränderungen in der aktuellen volkswirtschaftlichen Lehre verlangen. Sie können für Wahlen kandidieren. Sie können Menschen in ihrer Gemeinschaft helfen, in sicherere Gegenden umzuziehen, oder jenen helfen, die aus unbewohnbaren Gebieten kommen und integriert werden müssen. Sie können ihre Häuser besser isolieren, damit sie weniger Energie verbrauchen. Sie können dazu beitragen, andere über die Notwendigkeit eines radikalen Umdenkens zu informieren, um gemeinsam mit einer stärkeren Stimme zu sprechen. Sie können gegen schmutzige Sektoren oder politische Untätigkeit demonstrieren und diese über Online-Kampagnen international koordinieren. Sie können Politiker wählen, die für eine ökologische Wende eintreten.

Von all diesen Vorschlägen ist vermutlich das Wählen von Politikern das am wenigsten Erfolg versprechende, denn das demokratische System ist mittlerweile einer der Hauptgründe für unser Problem. Politiker denken heute kurzfristig und fühlen sich allzu oft den Forderungen großer Unternehmen verpflichtet statt den Bedürfnissen jener, die sie wählen. Das ist zwar falsch, aber auch verständlich. Demokratie und Kapitalismus sind einander todfeind. Manager und Eigentümer großer Unternehmen und

Banken mögen das demokratische System nach außen hin unterstützen, drängen aber in Wirklichkeit auf immer weniger Einschränkungen, weniger Vorschriften und weniger Steuern, um ihre kurzfristigen Gewinne zu steigern und ihre eigenen Ziele zu erreichen. Um möglichst effizient zu funktionieren, muss der Markt den demokratischen Prozess aushöhlen.

Unser Wahlverhalten kann etwas bewirken, aber nur dann, wenn eine ausreichend große Anzahl für Veränderungen stimmt. Genau dieser Wunsch der Wähler nach Veränderungen hat jedoch in letzter Zeit dazu geführt, dass die politische Rechte in vielen Ländern auf dem Vormarsch ist. Ironischerweise liegt der vorrangige Grund für deren Erstarken in der jahrzehntelangen Umweltzerstörung in der armen Welt und dem Scheitern des vorherrschenden Wirtschaftssystems. Beides hat zu der gestiegenen Migration und der aktuellen politischen Stimmungslage geführt.

Eine weitere wichtige Rolle für uns als Einzelpersonen besteht darin, Freunden und Familie dabei zu helfen, weiter positiv zu denken. Die große Herausforderung in der aktuellen Situation wird nämlich vor allem mentaler Natur sein. Es wird nicht einfach sein, angesichts so großer Schwierigkeiten nicht den Mut zu verlieren, insbesondere nach so vielen Jahren des Überflusses, zumindest in der reichen Welt. Optimistisch zu bleiben ist nicht leicht, wenn es so viel gibt, das uns Sorge bereitet, ob es nun Zugang zu Wasser, sinkende Lebensstandards oder beängstigende Wetterextreme sind. Viele Millionen Menschen werden ihre Häuser verlassen müssen und ihre Hoffnungen und Träume aufgeben. Es ist deprimierend zu erkennen, dass so viel von all dem, was die Menschheit aufgebaut hat, nun abgebaut und abgestellt werden muss – und dass dies so lange dauern wird. Eine wichtige Aufgabe wäre daher, dass sich jeder bemüht, anderen zu helfen, damit keiner verzweifelt.

Es gibt in diesem Zusammenhang noch einen weiteren Schritt, den jeder Mensch tun kann. Die Idee stammt von Henrik Nordborg,[71] Professor für Physik und Studiengangsleiter für erneuerbare Energien und Umwelttechnik an der Hochschule für Technik Rapperswil in der Schweiz.

Menschen können gegen das kämpfen, was Professor Nordborg als »globale Zerstörung der Erde« bezeichnet, indem sie streiken. Sie können ihren Konsum reduzieren. Sie können weniger oft neue Autos oder Handys kaufen, sie können Produkte mit Palmöl oder unnötig viel Verpackung meiden, und sie können weniger fliegen.

Als Extremmaßnahme können sie alles, was sie nicht dringend zum Leben benötigen, auf null reduzieren. Wenn Europäer ihren kollektiven Konsum um nur zehn Prozent herunterfahren würden, hätte dies große Auswirkungen auf viele der umweltschädlichsten Industrien. Zahlreiche Automobilfabriken, Fluglinien und andere schmutzige Sektoren müssen mit sehr hoher Effizienz betrieben werden, um Gewinne zu schreiben. Manche benötigen einen Auslastungsgrad von über 90 Prozent. Eine anhaltende Kampagne zur Reduzierung des Konsums in einem großen Markt wie Deutschland oder der EU würde bei einigen Unternehmen, Investoren und Politikern rasch für Aufmerksamkeit sorgen. Ein Nebeneffekt wäre, dass auch die Preise vieler Produkte steigen würden, da die Unternehmen versuchen würden, schwindende Profite wettzumachen. Dadurch würde wiederum die Nachfrage und der Konsum weiter sinken. Die Wirtschaft würde in die richtige Richtung gelenkt werden.

Veränderungen in Europa allein würden jedoch, wie schon gesagt, nicht reichen. Wenn aber ein Verbraucherstreik in einer großen Region andere dazu inspirieren kann, dasselbe zu tun, und Unternehmen und Politikern deutlich vor Augen führt, wie notwendig Veränderungen sind, kann ein Streik in der Tat eine wichtige Katalysatorrolle spielen.

Ein derartiger Streik hat auch viele andere Vorteile. Er ist vollkommen legal und verschafft einem Zeit für Sinnvolleres. Er hilft außerdem, Geld zu sparen, mit der Folge, dass Menschen weniger auf Pump leben müssen. Das wird auch dem Bankensektor schnell auffallen.

Wenn Sie also die Welt verändern möchten, befreien Sie sich von den Ketten, die Sie zum Sklaven des Materialismus machen. Streiken Sie!

— TO-DO-LISTE

Wer	Was Sie tun können oder sollten
Einzelpersonen	Isolieren Sie Ihr Haus oder Ihre Wohnung, minimieren Sie dringend den Verbrauch fossiler Energien. Engagieren Sie sich kollektiv als Aktivisten, Aktionäre und Wähler, und fordern Sie radikale Reformen des wirtschaftlichen und des politischen Systems. Demonstrieren Sie gegen fossile Energie. Treten Sie in den Konsumentenstreik!
Politiker	Führen Sie! Denken Sie nicht daran, was die Großkonzerne für Sie tun können, sondern was *Sie* für Ihr Land tun können. Schreiben Sie Geschichte. Sorgen Sie durch Vorschriften und Auflagen für einen wirtschaftlichen Wandel, holen Sie andere Länder mit ins Boot, schließen Sie schmutzige Industrien, besteuern Sie alles, was nicht wünschenswert und nicht nachhaltig ist, und helfen Sie Ihrem Volk, die Notwendigkeit eines radikalen Umdenkens zu erkennen.

Investoren	Steigen Sie aus allen Fossil-, Automobil-, Luftfahrt-, Schifffahrt-, Plastik-, Zement- und zugehörigen schmutzigen Branchen aus. Überführen Sie Ihre kumulierten Gewinne aus diesen Sektoren auf ein zweckgebundenes Konto, dieses wird vom Staat für die Finanzierung des ökologischen und ökonomischen Umbaus benötigt werden. Investieren Sie in saubere Sektoren, und stellen Sie sich darauf ein, dass Ihre Erträge gesetzlich streng begrenzt sein werden. Denken Sie in Zukunft umsichtiger.
Führungskräfte in schmutzigen Industrien (Fossil, Zement, Chemie, energieintensive Sektoren, Automobil, Luftfahrt, Schifffahrt, Plastik)	Stellen Sie Leute ein, die Ihr Unternehmen so radikal verkleinern und umbauen, dass es nachhaltig ist, oder schließen Sie Ihr Unternehmen, wenn Sie in der Fossil- oder Zementindustrie tätig sind. Suchen Sie sich einen guten Anwalt. Gehen Sie in sich, und fragen Sie sich, was Sie aus Ihrem Leben gemacht haben und warum Sie finden, es sei okay.
Sonstige Manager	Isolieren Sie Gebäude, sparen Sie Wasser und Energie, verlängern Sie Ihre Berichtszyklen, setzen Sie auf langfristig denkende Investoren, konzipieren Sie Ihre Produkte mit Blick auf längere Lebensdauer, investieren Sie in saubere Geschäftstätigkeiten, treten Sie einer der Koalitionen für nachhaltige Unternehmen bei, um Veränderungen voranzutreiben.
Justiz	Helfen Sie der Gesellschaft, die rechtlichen Aspekte der erforderlichen Wende durchzudenken. Schulen Sie Richter und Staatsanwälte dahingehend, dass sie ökologische Sachverhalte und Probleme besser verstehen. Sorgen Sie dafür, dass die für die Schäden verantwortlichen Akteure strafrechtlich verfolgt werden.

Bildungssystem	Reformieren Sie die Volkswirtschaftslehre radikal, indem Sie die Disziplin abschaffen oder komplett umkrempeln. Helfen Sie den Studierenden, die Notwendigkeit eines radikalen Umdenkens zu verstehen. Helfen Sie der Gesellschaft, über ihre Wertvorstellungen und den langfristigen Entwicklungskurs der Menschheit nachzudenken.
Banken- und Finanzsektor	Stellen Sie sich auf umwälzende Veränderungen ein. Banken müssen die Wirtschaft unterstützen, nicht umgekehrt, wie dies heute geschieht. Überführen Sie Kapital, das Sie in schmutzigen Industrien halten, auf ein zweckgebundenes Konto – dieses wird vom Staat für die Finanzierung der erforderlichen Umwälzungen benötigt werden.
Ökonomen und Mitarbeiter in schmutzigen Sektoren	Wechseln Sie den Beruf. Was haben Sie sich bloß dabei gedacht?
Umweltschützer	Belegen Sie Kurse, wie Sie komplexe Systeme verändern können.
Militär	Orientieren Sie sich neu. Statt für Konflikte zu planen, konzentrieren Sie sich auf die Wahrung internationalen Friedens und internationaler Sicherheit angesichts von Klimawandel, Massenmigration, Dürre und Wasserknappheit. Arbeiten Sie eng mit Regierungen zusammen, und beraten Sie diese hinsichtlich Optionen für einen sicheren Übergang in eine nachhaltigere Zukunft.

Religiöse Gruppen	Seien Sie mutig, in Worten und Taten. Helfen Sie Menschen, die Notwendigkeit von Veränderungen zu verstehen, helfen Sie ihnen, positiv zu bleiben, bieten Sie ihnen spirituellen Halt und praktische Unterstützung. Helfen Sie der Gesellschaft, ihren Sinn und Zweck zu überdenken.
Landwirte und Lebensmittelhandel	Setzen Sie auf lokalen Anbau, und minimieren Sie den Einsatz schädlicher Düngemittel, Transportsysteme und Verpackungen.
Gewerkschaften	Helfen Sie Arbeitnehmern, die Notwendigkeit von Veränderungen zu verstehen. Verhandeln Sie mit Arbeitgebern und Regierungen, um Beeinträchtigungen für saubere Unternehmen möglichst gering zu halten und die Unschuldigen zu schützen. Helfen Sie Akademikern, die Rolle der Unternehmen und der volkswirtschaftlichen Lehre zu überdenken.
Journalisten und Medien	Ergreifen Sie das Wort zum Wohl der Menschheit. Helfen Sie der Gesellschaft, die Notwendigkeit von Veränderungen zu verstehen. Errichten Sie Plattformen, um zur Debatte über ein besseres System der wirtschaftlichen und sozialen Entwicklung anzuregen.
Globale Organisationen – UN, Weltbank etc.	Tun Sie das Richtige: Arbeiten Sie darauf hin, das menschliche Wohlergehen innerhalb der Grenzen der Natur zu maximieren. Gestalten Sie die nachhaltigen Ziele so um, dass der Fokus auf der Entwicklung einer Gleichgewichtsökonomie und eines stark verkleinerten ökologischen Fußabdrucks liegt.

Teil 4

NEUE FUNDAMENTE ERRICHTEN

Das große Aufräumen

Der aktuelle Kurs der menschlichen Entwicklung wird den Klimawandel nicht stoppen. Er wird ihn sogar verstärken. Deshalb muss sich die Menschheit aufraffen und bewusst für sich entscheiden, mutig und entschlossen handeln zu wollen. Die meisten Bewohner der reichen Welt haben jedoch Angst vor mutigen Schritten, sie haben Angst davor, der Welt mit ihren Händen und Köpfen zu begegnen. Sie befürchten, dass ihr Leben ohne ihr Geld und ihre Besitztümer zu schwierig wird. Falls die Welt es nicht schafft, an eine Wende zu glauben, und falls es der Menschheit nicht gelingt, die Maßnahmen für eine solche Wende – eine Wende, an der alle teilhaben können – zu planen, wird letztlich die Mehrheit, so, wie schon in früheren Zeiten, die Menschen und Institutionen der reichen Welt aus ihrem Weg räumen und ihre eigene soziale Ordnung einführen, auf ihre eigene Weise und mit ihren eigenen Mitteln.[72]

Genau an diesem Punkt steht die Menschheit heute. Und sie steht deshalb an diesem Punkt, weil sich Menschen der reichen Welt eine ausgeklügelte, verführerisch bequeme Weltsicht zurechtgelegt haben, von der sie mittlerweile selbst überzeugt sind. Viele der zentralen und innigst gehegten Anschauungen dieser Weltsicht sind falsch. Sie sind es schon seit vielen Jahrzehnten. Der Glaube etwa, dass die Menschheit die Natur nicht zu respektieren braucht. Der Glaube, dass es keine Grenzen dafür gibt, welchen Schaden wir anderen Lebewesen zufügen, oder wie sehr wir die Meere und die Atmosphäre zerstören. Der Glaube, dass unendliches Wirtschaftswachstum zu etwas Nützlichem führen würde.

Obwohl diese irrigen Vorstellungen breite Akzeptanz gefunden haben, scheint die große Mehrheit trotz allem zu verstehen, dass es nicht möglich ist, auf einem begrenzten Planeten den ökologischen Fußabdruck des Menschen unbegrenzt zu vergrößern. So ist es nun eine kleine Minderheit, die ihre eigene Anhäufung von Reichtum über die Interessen der Mehrheit gestellt und damit eine Krise herbeigeführt hat, die uns alle trifft und auch nahezu alle anderen Kreaturen der Erde. Wenn diese Minderheit nicht in sich geht und sich ändert, wird sie feststellen, dass der Preis für ihren Egoismus weit jenseits dessen liegt, was sie sich vermutlich überhaupt vorstellen kann. Mehr als die Hälfte der Menschen, die in der reichen Welt leben, insbesondere jene über 35, sollte ihre jahrzehntelange Ausbeutungs- und Scheuklappenmentalität eingehend überdenken und radikal ändern.

Die Menschheit muss akzeptieren, dass sie nicht alles erreichen kann, dass die Natur ihr Grenzen vorgibt. Und sie sollte diese Grenzen nicht nur akzeptieren, sondern innerlich annehmen und aus Überzeugung umsetzen wollen. Ignoranz muss in Aufklärung verwandelt werden und Intelligenz in Hoffnung.

Die aktuelle Misere der Menschheit ist allerdings nicht bloß das Ergebnis falschen oder fehlenden Denkens. Sie resultiert auch aus dem Scheitern der Demokratie. Die Stimme der Minderheit hat die Oberhand gewonnen, weil der demokratische Prozess in vielen Ländern zur Showbühne für Verhöhnungen und narzisstische Selbstdarstellungen verkommen ist, statt den gut Informierten der Welt als Mittel zur Lenkung der gesellschaftlichen Entwicklung zu dienen.

In den meisten Ländern der Welt ist Demokratie mittlerweile ein inhaltsleeres Wort – ein Slogan, ein Stück Marketingjargon zur Befriedung der Massen, damit sie sich an dem Glauben festhalten können, dass neben Konsum auch noch etwas Sinnvolleres am Werk sei. »Yes we can«, sagte Präsident Obama. »Just do it«, sagt Nike.

Die Demokratie erfüllt ihren Zweck nicht mehr, weil zu viele Politiker der heutigen Generation geschlafen haben, während die Reichen und die Großkonzerne der Welt den Einfluss des Staates aufgeweicht und das demokratische System unterminiert haben. Nicht die Mehrheit bestimmt den sozialen Fortschritt seit einer Generation. Sondern die Reichen, die Lobbyisten für ihre Sichtweisen werben lassen, die mit großzügigen Spenden die Politik beeinflussen, die wohlgesinnte, für ihre Interessen eintretende Kandidaten finanzieren und die Medienunternehmen zur Verbreitung ihrer Anschauungen aufkaufen.

Der Mehrheit ist vorgegaukelt und weisgemacht worden, dass nicht der Staat, sondern Wirtschaftswachstum und der freie Markt den Fortschritt fördern. »Ihr müsst dem Markt vertrauen«, heißt es, denn der Markt agiere zugunsten der Allgemeinheit, auch wenn dies eindeutig nicht der Fall ist. Der Markt ist es nämlich, der heute die Gesellschaft beherrscht, nicht das Volk, wie die Demokratie[73] dies vorsieht. Dieser Markt, verklärt und dargestellt als gleichsam mysteriöse und unaufhaltsame Kraft der Natur, dieser Markt ist es, dem wir Menschen folgen sollen und den wir anzubeten haben, wie einen Gott. »Der Staat hilft euch nicht«, wird den Menschen gesagt. »Er behindert den Fortschritt«, heißt es. Nur der ungezügelte Markt könne Freiheit bieten. In Wahrheit dient der freie Markt bloß den Interessen der Reichen.

Wenn Menschen soziale Ungerechtigkeit und die Zerstörung der Umwelt – das Artensterben, die Eisschmelze, die Berge von Plastikmüll – beklagen, wird ihnen beschieden, dass dies ihre Schuld sei. Der Grund für diese Missstände sei *ihr* Wunsch nach niedrigen Preisen. *Ihr* Wunsch nach einem Shirt, das weniger kostet als eine Pizza, *ihr* Wunsch nach Flügen, die weniger kosten als ein Bahnticket, und *ihr* Wunsch nach der Bequemlichkeit von Einwegplastikverpackung.

»Der Markt reagiert bloß auf die Nachfrage«, wird ihnen gesagt. Der Markt sei es, der das Wirtschaftssystem dazu zwinge, Kinder in asiatischen Sweatshops unter sicherheitswidrigen und ausbeuterischen Bedingungen arbeiten zu lassen. Die Konsumenten mit ihren Forderungen nach Billigflügen sind es, die an der verschmutzten Luft und der geschädigten Atmosphäre schuld sind, so der Tenor. Es sind die Menschen mit ihren Wünschen nach billigstmöglichen Lebensmitteln, die die Landwirte dazu zwingen, so viel Dünger auszubringen und damit übermäßige Nitrateinträge in Bäche, Flüsse, Seen und Grundwasser zu verursachen.

Für die Umweltschäden verantwortlich sind demnach jene Menschen, die diese Produkte und Dienstleistungen kaufen, nicht jene, die die Preise drücken, um sie zu verkaufen. Es sind die Konsumenten, die für die Plastikinseln in den Ozeanen verantwortlich sind. Sollen sie eben besser recyceln. Es ist nicht die Verantwortung der Unternehmen, die den Müll verursachen. Und wenn Menschen dick sind, dann liegt das daran, dass sie zu viel essen, nicht daran, dass die Unternehmen ihren Produkten jede Menge Salz, Zucker und Fett zusetzen, um mehr zu verkaufen.

Den Menschen werden Schuldgefühle eingetrichtert, und zwar mit demselben Argument, das die notorische Waffenlobby in den USA strapaziert: Nicht diejenigen, die diese Produkte herstellen, sind dafür verantwortlich, was passiert. Sondern diejenigen, die sie kaufen, die sind schuld. Wenn Meeresvögel an Plastikmüll ersticken, Dieselabgase das Asthmarisiko bei Kindern erhöhen oder ultrabilliges Essen gesundheitsschädliche Folgen hat, sind es die Menschen, die diese Produkte konsumieren, die daran schuld sind, auch wenn sie gar keine Wahl haben.

Mehr Verbote müssen her

In Wahrheit sind es natürlich nicht die Konsumenten, die für diese Konsequenzen verantwortlich sind, ebenso wenig wie es die Verbraucher von Energie sind, die Schuld am Klimawandel tragen. Verursacht werden diese Missstände von jenen Unternehmen, die immer mehr Druck machen, um die vierteljährlichen Forderungen der Aktionäre nach immer weiter steigenden Profiten zu erfüllen. Es sind die Eigentümer und Manager schmutziger Unternehmen – die Fossilindustrie, Automobilhersteller, Zementproduzenten und Fluggesellschaften –, die ihre Augen vor den schädlichen Konsequenzen ihres Tuns verschließen. Der unregulierte Markt ist das Problem.

Die ökologischen und sozialen Probleme der Menschheit bestehen deshalb, weil ihr weisgemacht wurde, dass staatliche Eingriffe und Aufsichtsvorschriften tunlichst, wo immer möglich, zu vermeiden seien. Wenn die Unternehmen freie Hand haben, so wird den Menschen gesagt, werde der Markt ihre Bedürfnisse erfüllen. Regierungen werden als inkompetent hingestellt, der private Sektor dagegen als effizient. Keine Körperschaftssteuern, sagen die Unternehmen. Dem Staat sei nicht zu trauen, dass er das Geld richtig einsetzt. Der Markt soll das übernehmen.

Andererseits bleibt es am Staat hängen, die sozialen und ökologischen Folgen zu beheben, die aus einer zu geringen Aufsicht der Unternehmen resultieren. Der Staat muss her, um die verschmutzten Strände und Straßen zu säubern. Der Staat muss für den Bau neuer Schutzmauern zahlen, um Städte vor den immer weiter steigenden Meeresspiegeln zu schützen. Die Steuerzahler müssen für die Sozialleistungen an jene aufkommen, die durch das Streben der Unternehmen nach immer mehr Gewinn ihre Arbeit verlieren. Die Regierungen sind es, die Lösungen finden müssen für die vielen Migranten auf der Suche nach einer besseren Zukunft, weil die Kluft zwischen armer und reicher Welt zu groß geworden ist. Die Regierungen sind es, die nicht genug Geld zur Verfügung haben, um ihre Arbeit zu tun.

Infolge dieses irrigen Glaubenssystems sind Regierungen rund um den Globus schon lange nicht mehr in der Lage, ihre Aufgaben und Pflichten gegenüber der Gesellschaft zu erfüllen. Diese falsche Weltsicht ist es, die zu der Umweltkrise, den stagnierenden Lebensstandards und der zunehmenden Ungleichheit überall geführt hat. Der Mangel an Steuereinnahmen ist es, der es dem Staat erschwert, die Herausforderungen adäquat anzugehen, und der den weit verbreiteten Unmut über die Misere der öffentlichen Hand verstärkt hat.

Mit der schwindenden Stimme des Staates haben die Lobbyisten, die für die Interessen großer Unternehmen eintreten, enorm viel Macht gewonnen – sie beeinflussen die Wahl politischer Kandidaten, die Ansichten der Medien und auch Gesetzgebungsprozesse über Mittel und Wege, die der Bevölkerung mehrheitlich nicht bewusst sind. Da Wahlen so wenige offenbare Vorteile für die Mehrheit gebracht haben, und weil sich so viele Politiker trotz zunehmender Ungleichheit, zunehmender Migration und zunehmender Umweltzerstörung in passiver Zurückhaltung üben, haben politische Extremparteien ein leichtes Spiel. Sie verändern die politische Landschaft und haben zum Vormarsch des Populismus geführt. Es war alles so vorhersehbar.

Die politische Führung muss führen

Das Volk hat heute kein Mitspracherecht oder Mittel, um den sozialen Fortschritt zu beeinflussen, da die menschliche Entwicklung nach und nach privatisiert – dem Markt und den Großkonzernen ausgehändigt – wurde. Wer etwas zu sagen hat, kommuniziert stattdessen auf Online-Plattformen, wo aber vor lauter Lärm nichts durchdringt und sich folglich nichts ändert. Sogar Straßendemos sind heute meist zahnlos, ihre Botschaften versanden, weil sie nichts infrage stellen.

In der armen Welt ist es kaum anders. Der Druck auf arme Länder, das Wirtschaftssystem der reichen Welt zu übernehmen, unter dem verheißungsvollen Deckmantel der »Freiheit und Demokratie«, hat deren Politiker dazu gebracht, ihre Bevölkerung in riesige umweltzerstörende, überschuldete, konsumgetriebene Gesellschaften zu verwandeln. Somit haben die Vorstellungen der reichen Welt, in denen der soziale Gedanke des Füreinander weitgehend verloren gegangen ist, zum Zerfall von einst beständigen Gesellschaften, zu gigantischen Schuldenbergen privater und öffentlicher Natur und zu weitverbreiteter Umweltzerstörung geführt.

Wenn die Menschheit die Wende in eine bessere und nachhaltigere Welt schaffen soll, müssen all jene, die in ein politisches Amt gewählt werden, auch tatsächlich das tun, wofür sie gewählt wurden: Sie müssen führen. Regierungen müssen – stellvertretend für das Volk – wieder die Kontrolle übernehmen, um ein weiteres Abdriften in eine Plutokratie, in der nur die Reichen das Sagen haben, zu verhindern. Der Staat muss den Mut aufbringen, umweltzerstörende Industrien zu schließen. Er muss die internationalen Monopole und den Finanzsektor aufbrechen. Er muss Arbeitnehmer im In- und Ausland schützen. Er muss dafür sorgen, dass auf dem Markt echter Wettbewerb herrscht, nicht die künstliche Form wie jetzt, wo unzählige Marken von einer Handvoll Unternehmen kontrolliert werden. Er muss Lobbyisten verbieten und die Medien sowie deren Eigentumsverhältnisse ausreichend regulieren. Er muss jene neoliberalen, den Eigeninteressen dienenden Vorstellungen von Entwicklung ablehnen, die von unterbelichteten, verblendeten Ökonomen postuliert werden. Regierungen müssen deutlich mehr verbieten und die Interessen der Mehrheit viel stärker vor der Gier der wenigen schützen.

Regierungen müssen begreifen, dass der Klimawandel real, dringlich und existenzbedrohend ist. Der Klimawandel gefährdet auch die Demokratie, aber das haben bislang offenbar nur wenige Mainstream-Politiker (oder auch andere) erkannt. Es liegt am Staat, das Wohlergehen der Menschen angesichts der zunehmend verheerenden Folgen steigender Temperaturen zu schützen. Dazu müssen die Politiker, deren Aufgabe es ist, die Geschicke ihres Volkes zu lenken, mit der Förderung von Wirtschaftswachstum und der Unterstützung großer Konzerne aufhören. Sie müssen langfristig denken und entschlossen handeln, da dies sonst niemand tun wird, zumindest derzeit noch nicht.

Wenn die heutigen Politiker außerstande sind, die notwendigen Maßnahmen zu ergreifen, bleiben noch weniger Optionen. Entweder wird nichts unternommen, dann gerät der Klimawandel aus den Fugen und zerstört Milliarden von Leben, oder es wird die bestehende politische Führungsriege ausgetauscht, sei es in einem Wahlprozess oder auf weniger demokratische Weise. Alternativ könnte eine technokratische Regierung bestellt werden, die das Notwendige unternimmt, eine wirtschaftliche Wende erzwingt und dann zurücktritt, wenn die Arbeit getan ist. Dies setzt allerdings voraus, dass die Menschheit es schafft, die Mechanismen für einen derartigen außerordentlichen Regierungswechsel zu entwickeln, und dass ausreichend viele Menschen mit Mut und Weitblick die Wende führen und lenken. Die Risiken sind gewaltig, aber immer noch wesentlich geringer, als wenn nichts getan wird.

Lasst nicht Monopolisten für euch entscheiden

Die Menschheit muss sich außerdem überlegen, wem sie die Entscheidung überlassen will, was wichtig ist und wer zählt. Es ist ja nicht nur so, dass viel zu viele Menschen ihren Handys und sozialen Medien hörig sind, mit dem Ergebnis, dass sie weniger lesen und weniger tiefgründig denken. Es ist nicht nur so, dass die Kost, die sie durch Web-Feeds serviert bekommen, häufig von Anbietern wahrheitsverzerrender Fake News manipuliert wird, oder dass allein die Menge an zugesandten Inhalten dazu führt, dass der Verstand abschaltet. Viel gravierender ist, dass sie die Verantwortung für Entscheidungen darüber, wer wichtig ist und wer gehört werden soll, weitgehend an eine Handvoll Monopole abgeben, auf die sie keinen Einfluss haben.

LinkedIn (von Microsoft gekauft) sowie Twitter und Facebook können festlegen, welche Stimmen begünstigt werden und die meisten Likes bekommen, ähnlich wie Google entscheiden kann, welche Suchergebnisse zuoberst gereiht werden. Weder Gesetzgeber noch Nutzer wissen mit Sicherheit, inwieweit diese Reihungen nach objektiven Kriterien erfolgen.

Indem sie Videos und Postings radikaler muslimischer Gruppen oder Bilder stillender Mütter oder nackte Körper in Renaissancegemälden löschen, hingegen Videos mit extremen Gewaltszenen nicht entfernen, beweisen diese Unternehmen, dass sie bereits Zensur betreiben, und zwar nach ihren eigenen Regeln, nicht nach jenen der Gesellschaft. Diese Unternehmen bestimmen auch, was ihrer Meinung nach als Fake News einzustufen ist und gelöscht werden muss. Allein dadurch verleihen sie jenen Stimmen mehr Gewicht, deren veröffentlichte Ansichten oder Bilder dem Management dieser Unternehmen genehm sind, während die Stimmen Andersdenkender nach hinten gereiht oder wegredigiert werden. Diese Unternehmen sind zudem in der Lage, bestimmte Produkte oder Firmen zu bewerben, Umfrageergebnisse und Nachrichten-Feeds zu manipulieren und die Ausbreitung von Ideen einzuschränken. Durch Google Scholar kann das Unternehmen sogar darauf Einfluss nehmen, welche Akademiker und welche Ideen zitiert werden, und so bis zu einem gewissen Grad auch zukünftige Karrierepfade bestimmen. Die Verwendung von Google-Systemen an Schulen wirft zusätzliche Fragen darüber auf, wie die Lehrpläne erstellt werden.

Die Menschheit hat also einen Großteil der Entscheidungsgewalt darüber, wessen Stimme zählt und wessen Ansichten gehört werden, einer kleinen Gruppe sehr großer US-Konzerne überlassen. Wenn sie gefragt werden, wie sie funktionieren, verstecken sich diese Unternehmen gern hinter »proprietären Algorithmen«, so, als würde ein Computer darüber entscheiden, wie ihre Systeme funktionieren, nicht die Menschen, die sie programmieren. Diese Firmen richten sich danach, was am profitabelsten ist, und wie sie die Gesellschaft zu mehr Konsum bewegen können. Sie scheuen keine Kosten und Mühen, um herauszufinden, wie Menschen denken, was sie motiviert und wie sie auf Informationen reagieren. Manche haben auch Verbindungen zum US-Militär und zur NSA – ein weiterer Grund zur Sorge.

Für Menschen außerhalb der USA ist dies in Anbetracht der Folgen für die zukünftige Entwicklung der Gesellschaft durchaus bedenklich. Bislang haben nur Russland und China größere Anstrengungen unternommen, um rivalisierende Systeme zu entwickeln oder den Zugang dieser Firmen ernsthaft einzuschränken; in China sogar mittels Verbote. Man möge sich fragen: Wären Google, Facebook, Twitter und Microsoft in der Hand chinesischer, iranischer oder russischer Firmen mit einem ebenso starken Einfluss auf die Gesellschaft, wären sie dann einer strengeren regulatorischen Aufsicht unterworfen, als sie es derzeit sind?

Dasselbe gilt für andere globale Unternehmen. Regierungen haben großen Konzernen Macht an die Hand gegeben und ihnen Steuererleichterungen in der Hoffnung auf Arbeitsplätze gewährt. Auch das ist gescheitert. Das Ergebnis ist eine unzureichende Kontrolle und Aufsicht über das Tun und Treiben der Unternehmen. Diese haben von staatlicher Seite praktisch den Freibrief erhalten, um Länder gegeneinander auszuspielen, Umwelt- und Aufsichtsvorschriften zu umgehen und ihre Steuerlast zu reduzieren – während sie gleichzeitig Arbeitsplätze in Niedriglohnländer verlagern. Bestimmungen im Zeichen des freien Handels wurden so gestaltet, dass sie derartige Aktivitäten unterstützen.

Was die Beeinflussung der Gesellschaft betrifft, schlägt das Pendel viel zu weit zugunsten der Unternehmen und des Wirtschaftssystems aus. Privatwirtschaftliche Unternehmen haben keinerlei Verpflichtung, Menschen zu schützen oder deren soziales Wohlergehen zu verbessern. Sie haben bloß ein Ziel: die einheitliche Forderung ihrer Aktionäre nach Maximierung der kurzfristigen Gewinne zu befriedigen. Es ist der Staat, ob gewählt oder bestellt, der für sozialen Fortschritt verantwortlich ist. Wenn die Menschheit allerdings den Klimawandel in den Griff bekommen will, muss das Pendel in die andere Richtung ausschlagen – zugunsten der Gesellschaft.

Auch die Umweltschützer haben versagt

Nicht nur bessere und mutigere Politiker werden gebraucht, sondern auch bessere Umweltaktivisten, denn die Nachhaltigkeitsrevolution ist großteils gescheitert. Wenn die Gesellschaft die kühnen Vorhaben umsetzen will, die für eine radikale Wende erforderlich sind, sollte sie möglichst viele verschiedene Sichtweisen über den einzuschlagenden Weg einholen, nicht nur die Ansichten der Grünen.

Seit Jahrzehnten liefern sich jene, die für eine nachhaltigere menschliche Entwicklung eintreten, erbitterte Kämpfe mit nahezu allen anderen – das heißt, mit all jenen, die kein Problem oder nicht ausreichend Grund zur Sorge sehen, um radikale Maßnahmen zu rechtfertigen. Trotz ihres Engagements haben Umweltschützer ihren Kampf an den meisten Fronten verloren. Sie haben es nicht geschafft, ausreichend viele Menschen davon zu überzeugen, dass die ökologische Bedrohung radikale Veränderungen erfordert. Der Grund dafür ist unter anderem, dass sie mit unterschiedlichen Botschaften darüber, was zu tun ist, Verwirrung gestiftet haben.

Viele Umweltschützer haben geglaubt, die Menschheit auf einen besseren Weg bringen zu können, indem sie ein »positives Narrativ« bieten. Dazu haben sie Belege für gute ökologische Entwicklungen (saubere Energie, Abfallmanagement, umweltfreundliche Betriebe) gesammelt und daraus das Bild einer besseren Welt konstruiert, in der die Menschheit nachhaltig leben kann. Diese Visionen haben sie mit Begriffen wie »nachwachsend«, »erneuerbar« oder »selbstheilend« ausgeschmückt und Gleichnisse präsentiert, wie Raupen zu anmutigen Schmetterlingen werden. Sie haben einen Tempel auf einem Hügel gezeigt – einen Ort, an dem wir der Umweltzerstörung, dem Klimawandel und der um sich greifenden Armut entrinnen können – in der Hoffnung, dass dies zu Änderungen anregen würde.

Diese Strategie ist deshalb nicht aufgegangen, weil den wenigsten Menschen klar war, worauf diese Umweltschützer eigentlich hinauswollten. Da diese nur ein positives Bild entworfen haben, statt die Realität zu erklären, verstand kaum jemand, welche Konsequenzen weitere Untätigkeit haben würde. Kaum jemand konnte für sich erkennen, was uns die positiven Visionen sagen wollen, weil sie die Folgen unterbliebenen Handelns nicht richtig begriffen haben. Warum etwas ändern?

Für zusätzliche Verwirrung haben auch die vielen oft widersprüchlichen Empfehlungen verschiedener Gruppierungen gesorgt. Manche haben Veränderungen vorgeschlagen, die sich an der Marktwirtschaft orientieren – indem man der Natur einen monetären Wert zuordnet. Andere wiederum haben die Antwort darin gesehen, dass Anleger in grüne Technologien investieren. Wieder andere haben mehr Regulierung, Besteuerung von CO_2-Emissionen oder Subventionierung von erneuerbaren Energien eingefordert. Manche sahen in der Kreislaufwirtschaft die Lösung. Einige haben auch kundgetan, dass die Konsumenten selbst den Ausschlag geben könnten, indem sie »nachhaltige Produkte« kaufen. Leider haben sie aber nicht gut genug definiert, was damit gemeint ist. Diese verwirrende Vielfalt an Ideen hat noch mehr Unsicherheit hinsichtlich dessen geschaffen, was getan werden sollte und wie die Wende in eine nachhaltigere Zukunft aussehen muss. Zudem geht keiner der Vorschläge ausreichend auf das grundlegende Problem ein, nämlich dass der ökologische Fußabdruck der Menschheit dringend verringert werden muss.

Nicht nur das: Viele Aktivisten haben sogar den Eindruck vermittelt, dass der Weg in eine nachhaltige Welt relativ leicht zu bewältigen sei. Sie haben Menschen darin bestätigt, dass sich das Wirtschaftssystem nicht wesentlich ändern muss, dass der Konsum im Großen und Ganzen so weitergehen kann wie bisher. Im neuen Garten Eden, den viele Umweltschützer verheißen, bleibt im Grunde alles wie gehabt, und das sogar mit kräftigen Profiten aus »grünen« Maßnahmen.

In dieser Hinsicht haben so manche Aktivisten unverantwortlich gehandelt. Sie haben falsche Hoffnungen geweckt und damit das erforderliche Umdenken behindert. Wer sich jetzt für Veränderungen engagiert, hat mit der Verwirrung und Skepsis der Allgemeinheit zu kämpfen, die sich aufgrund der vielen widersprüchlichen Informationen im Lauf der Zeit jetzt fragt, wem sie was glauben soll. Diese Aktivisten haben daher wertvolle Zeit verspielt und mit ihrer ökologischen Quacksalberei erhebliche Schwierigkeiten für alle verursacht.

In Wirklichkeit wird sich der Weg in eine nachhaltige Gesellschaft alles andere als einfach gestalten, insbesondere jetzt. Die Umstellungen werden extrem schwierig sein und gigantische kollektive Anstrengungen erfordern. Sie werden auch enorm hohe finanzielle und soziale Kosten nach sich ziehen.

Wachstumsagnostik ist gefragt

Vor uns liegen zwei Aufgaben: Erstens müssen wir die Eckpfeiler eines suizidalen Wirtschaftssystems niederreißen. An zweiter Stelle müssen wir uns überlegen, was danach kommt. Dieses Stadium ist weniger drängend und wird viel länger dauern. Es erfordert eine neue Zeit der Aufklärung, eine Zeit der nachhaltigen Reflexion darüber, wozu die menschliche Gesellschaft existiert und was sie zu erreichen versucht. Die Menschheit muss ihre Vorstellung von Fortschritt neu definieren.

Um wirklich nachhaltig zu sein, braucht die zukünftige Gesellschaft sehr langfristige Ambitionen. Sie muss so aufgebaut sein, dass sie über Jahrhunderte, vielleicht Jahrtausende gedeihen kann. Dazu muss sie die Grenzen der Natur respektieren. Im langen Verlauf der Geschichte hat sich die freie Marktwirtschaft als besonders kurzlebig und zerstörerisch erwiesen. Sie wird kaum ein Jahrhundert überdauern, oder zwei, entweder weil sie in den kommenden Jahrzehnten demontiert wird, oder weil sie sich selbst zugrunde richtet, und alles andere gleich mit. Um dauerhaft bestehen zu können, müssen sich zukünftige Gesellschaften mehr an früheren Zeiten orientieren. Ihr ökologisches Umfeld muss stabil bleiben, damit sich der Fußabdruck des Menschen trotz wachsender Bevölkerung nicht vergrößert. Die Bedürfnisse zukünftiger Generationen von Menschen, und auch aller anderen Lebewesen, müssen den Bedürfnissen jener gleichgestellt werden, die jetzt leben.

Dazu muss die Wirtschaft mit einem sehr geringen Verbrauch von knappen nicht erneuerbaren Ressourcen auskommen. Die Verschmutzung muss auf das begrenzt werden, was die Natur leicht absorbieren kann. Dies zu erreichen mag unmöglich erscheinen, beängstigend sogar, wenn man das heutige Wirtschaftssystem bedenkt, in dem die Menschheit auf endlos steigendem Wirtschaftswachstum aufbaut, das von ihnen einen immer höheren Durchsatz an Rohstoffen und immer mehr Energie verlangt.

Eine stabile Wirtschaft ist nicht gleichbedeutend mit einer stabilen Gesellschaft. Die Menschheit kann sich immer noch weiterentwickeln. Statt durch materiellen Konsum kann die Menschheit künstlerisch, kulturell, intellektuell und technologisch wachsen. Sie kann sich darauf konzentrieren, das durchschnittliche Wohlergehen, die Lebenserwartungen sowie Gesundheit und Glück zu verbessern. Auch Sport und Religion können florieren. Nur der Ressourcenfluss muss konstant gehalten werden, damit sich knappe nicht erneuerbare Ressourcen nicht messbar verringern und die Umweltbelastung nie die Grenzen der Natur übersteigt.

Eine stabile Wirtschaft kann zudem durchaus wachsen, wenn dies sinnvoll erscheint. Das BIP kann weiterhin steigen oder fallen, da sich der Wert der produzierten Güter und Dienstleistungen nach wie vor ändern kann. Auch in einer Gleichgewichtsökonomie werden sehr viele Wirtschaftssektoren benötigt, etwa um Nahrung zu produzieren, Mobilität zu gewährleisten und Geräte herzustellen, so, wie heute. Es wird bloß anders geschehen – mit lokaler Landwirtschaft, Nutzung elektrischer Antriebssysteme unter Einsatz erneuerbarer Energien und durch Herstellung von Geräten aus recycelten Metallen und anderen Werkstoffen.

Auch zahlreiche neue Dienstleistungssektoren werden gebraucht werden, beispielsweise um den Prozess für gemeinschaftliche Verwendungen der produzierten Güter zu steuern. Der Preis, der für all diese Güter und Dienstleistungen verlangt wird, kann sich weiterhin ändern, sodass der monetäre Wert der Wirtschaft immer noch wachsen kann.

MERKMALE EINER NACHHALTIGEN »GLEICHGEWICHTSÖKONOMIE«

- Langfristig, mit der Fähigkeit, jahrhundertelang zu bestehen
- Innerhalb der Grenzen der Natur
- Ökologisch stabil
- Kann die Grundbedürfnisse aller Menschen sowie anderer Lebewesen gerecht und nachhaltig erfüllen
- Fixer maximaler ökologischer Fußabdruck des Menschen, unabhängig von der Bevölkerungsgröße
- Stark eingeschränkte Nutzung knapper Ressourcen
- Die Rechte zukünftiger Generationen und anderer Lebewesen sind jenen von heute gleichgestellt
- Sehr niedrige Verschmutzungswerte, die rasch und leicht absorbiert werden können
- Fortschritt ist anders zu messen als heute
- Verpflichtende Freizeit
- Kostenloser und universeller Zugang zu Verhütung
- Keine Waffenindustrie
- Geringe Konjunkturschwankungen – keine Boom-Bust-Zyklen
- Ungleichheit ist möglich, aber begrenzt
- Recht auf Privatsphäre, aber eingeschränktes Recht auf Freiheit
- Obergrenze für die Bevölkerungsgröße mit gewisser Flexibilität

Aber auch dann sollten Gesellschaften ihren Glauben an Wirtschaftswachstum als anzustrebendes Ziel aufgeben und sich zu Wachstumsagnostikern erklären. Fortschritt muss auf andere Weise gemessen werden, und unser Tauschmittel sowie dessen Zweck sollten überdacht werden: Ist wirklich Geld nötig? Die Rolle des Finanzsektors bedarf ebenfalls gründlicher Überlegungen. Wäre es für die zukünftige Gesellschaft möglich, und vielleicht besser, ohne die beiden zu funktionieren? Eine komplexe Frage.

Ähnlich komplex ist außerdem die Frage der Regierungsform. Ist Demokratie für die Erzielung von Fortschritt am besten geeignet? Die einfache Antwort wäre natürlich, einfach das nachzuplappern, was dem Zeitgeist entspricht, und Demokratie als Idealform zu bejahen. Dennoch gibt es zu denken, dass jenes Land, das in den letzten 50 Jahren für das Wohlergehen seiner Bürger am meisten erreicht hat, ein – zumindest nach westlichen Maßstäben – nicht demokratisches Land ist, nämlich China. Auch viele Monarchien und Militärreiche der Vergangenheit waren stabiler und von längerer Dauer. Viel muss zudem über die Rolle und den Zweck des Nationalstaats nachgedacht werden. Sollte der Nationalstaat ein wichtiger Baustein der menschlichen Gesellschaft sein, oder findet sich eine bessere Alternative?

Es gibt noch drei weitere Bedingungen, die erfüllt werden müssen, damit die Menschheit nachhaltig gedeihen kann. Eine auf Dauer beständige Wirtschaft muss in der Lage sein, die Bedürfnisse jedes Bürgers an Nahrung, Sicherheit, Lebenszweck, Mobilität, Kommunikation und Wohnraum zu erfüllen, und das auf gerechte Weise. Zum einen natürlich, um Leben zu erhalten, zum anderen aber auch, um Ungleichheit auszumerzen und Konfliktpotenzial möglichst gar nicht erst aufkommen zu lassen. Ein wichtiges Leitwort für die Zukunft wird dabei der

Begriff der Würde sein. Jeder sollte vor dem Gesetz gleich sein, und zwar tatsächlich, nicht nur auf dem Papier.

Zweitens muss das Recht auf Privatsphäre wiederhergestellt werden, da dies eine notwendige Voraussetzung für Freiheit ist. Wenn Menschen auf Schritt und Tritt beobachtet und überwacht werden, schränkt sie das in ihrer Fähigkeit ein, frei zu denken und zu sprechen.

Drittens ist in einer nachhaltigen Welt obligatorische Freizeit unabdingbar. Produktivitätssteigerung durch technologische Verbesserungen muss sich in mehr Freizeit für die Arbeitnehmer niederschlagen, damit die nachhaltige Gesellschaft Produktionsüberschüsse und Vergeudung von Ressourcen vermeiden kann. In einer Gleichgewichtsökonomie muss die Gesellschaft auch weiterhin laufend neue Technologien entwickeln, um Verschwendung und Müll zu reduzieren, die Recyclingrate zu verbessern, die Energieeffizienz zu erhöhen und medizinische Verbesserungen zu erzielen. Ein großer Anreiz für Innovationen würde für Menschen in dem befriedigenden Bewusstsein liegen, dass sie zum menschlichen Wohlergehen beigetragen haben.

Eine langfristig nachhaltige Wirtschaftsordnung setzt nicht Gleichheit voraus. Wir Menschen sind nun mal nicht alle gleich. Wichtiger wäre es, dass sie Chancengleichheit bietet, dass sie dafür sorgt, dass jeder Einzelne möglichst viel und gemäß seinen Fähigkeiten zur gesellschaftlichen Entwicklung beiträgt. Sobald die Gesellschaft die Grundbedürfnisse aller Bürger abgedeckt hat, können Belohnungen für individuelle Leistungen angeboten werden, solange die Diskrepanz zwischen Arm und Reich umsichtig kontrolliert wird und Errungenschaften jeglicher Art gerechte Anerkennung erfahren. So wie einen garantierten Mindestlebensstandard muss es auch einen maximalen Standard geben.

Über die Bedeutung von Wörtern

Wie schon im letzten Zeitalter der Aufklärung wird die Menschheit viel über die Bedeutung einiger Begriffe nachdenken müssen. So ist zum Beispiel eine umsichtige Neudefinition dessen gefragt, was die Freiheit des Einzelnen bedeutet, vielleicht in Rückbesinnung darauf, was John Stuart Mill ursprünglich im Sinn hatte. Laut Mill ist Freiheit das Recht, offen zu sprechen und zu denken, eine Meinung zu vertreten, auch wenn sie noch so haarsträubend sein mag, solange man andere damit nicht verletzt. Die Macht des Staates über das Individuum ist begrenzt, aber nicht aufgehoben.

Heutzutage wird Freiheit meist als das Recht ausgelegt, so zu handeln, wie man möchte, sich eigennützig zu verhalten, nahezu vollständig unabhängig von den Folgen, die die eigenen Worte und Handlungen auf andere Menschen, den Staat und das Schicksal der Erde haben. Die heutige Auslegung von Freiheit baut auf dem Irrglauben auf, dass das Individuum über allem steht.

Für eine nachhaltige Zukunft muss sich die Menschheit auch von einer weiteren irrigen Vorstellung lösen, die auf die 1980er-Jahre zurückgeht, als Margaret Thatcher kundtat, dass es keine Gesellschaft gäbe, nur Männer und Frauen und Familien. Eine menschliche Gesellschaft gibt es nämlich sehr wohl, dieses Gefüge aus notwendigen Verbindungen zwischen den Menschen, und diese Gesellschaft geht weit über die Mentalität des Ich und des Mir und des Mein hinaus. Eine nachhaltig gesunde Gesellschaft muss sich in Zukunft zwar einerseits vor der Tyrannei der Mehrheit in Acht nehmen, andererseits aber gleichzeitig einen Weg finden, um deren kollektive Weisheit zu nutzen.

Die Menschheit muss außerdem ihre Beziehung zur Natur überdenken. Der Umgang mit der Natur ist kein Kampf, bei dem es darum geht, dass die Menschheit die Oberhand gewinnt. Die Grenzen der Natur sind nicht dazu da, um sie zu bezwingen. Die moderne Gesellschaft hat Charles Darwins Vorstellungen zur Natur vollkommen verdreht. Mit »Survival of the Fittest« meinte er nicht, dass Wettbewerb gut sei und nur die Stärksten überleben. Er meinte vielmehr, dass jene überleben, die sich am besten an ihre Umgebung anpassen. Diese Wesen seien am besten geeignet, in Harmonie mit der Welt um sie herum zu leben. Die Menschheit kann nicht gegen die Natur ankämpfen und hoffen, sie besiegen zu können. Sie muss die Demut aufbringen, im Einklang mit und als Teil der Natur zu leben.

Die Menschheit muss auch ihre Vorstellungen von Glück, Frieden und Lebenszweck überdenken. Sie muss Freizeit neu definieren, damit diese nicht mit Konsum gleichgesetzt wird. Sie muss das Miteinander fördern, nicht das Konkurrenzdenken. Sie muss aufhören, riesige Mengen an Energie und Zeit für die Schaffung von Produkten und Dienstleistungen zu verschwenden, die keinen sinnvollen Nutzen bieten. Sie muss aufhören, der Natur ihre Kosten aufzuhalsen. Sie muss aufhören, Waffen herzustellen, auch wenn dies noch so schwer vorstellbar sein mag.

Die Implikationen einer Gleichgewichtsökonomie gründlich durchzudenken wird sehr lange dauern. Ich möchte weder den Eindruck erwecken noch maße ich mir an, all das, was für ein nachhaltiges Leben der Menschheit erforderlich ist, oder wie die Welt nach einer radikalen Wende aussehen könnte, im vollen Umfang erfasst und verstanden zu haben. Viele weitere Analysen und viele weitere Beiträge kluger Menschen überall sind dazu vonnöten. Es bedarf umfassender Debatten und einer Zusammenführung von Ideen darüber, wie eine bessere Welt aussehen sollte und wie die Gesellschaft sie aufbauen kann. Ein Umdenken ist erforderlich im Hinblick auf menschliche Werte, nicht nur eine Veränderung des Wirtschaftssystems und unserer Vorstellungen von Fortschritt und Wohlergehen. Die Menschheit wird nahezu alles, was sie bisher als normal empfunden hat, radikal überdenken müssen. Da sich seit sehr langer Zeit nur sehr wenige Menschen mit diesen Fragen beschäftigt haben, wird weltweit auch die Fähigkeit zur Auseinandersetzung damit entwickelt und ausgebaut werden müssen. Eines der größten Hindernisse für Fortschritte der Menschheit in den letzten Jahrzehnten war ihr Mangel an Vorstellungskraft.

Nicht das Endstadium sollte heute jedoch die vordringliche Sorge der Menschheit sein. Trotz allem, was ich über die Notwendigkeit langfristigen Denkens dargelegt habe, muss unser Fokus zunächst auf der unmittelbaren Zukunft liegen. Bevor die Menschheit über den Umbau dieses großen Bauwerks der menschlichen Zivilisation nachzudenken beginnt, muss sie erst große Brocken dessen abreißen, was sie bisher aufgebaut hat. Und das dringend.

Die Menschheit wird hart an sich arbeiten müssen, bevor der Neubau beginnen kann.

Über den Autor

Der Ökonom Graeme Maxton ist Vollmitglied des *Club of Rome*, für den er zwischen 2014 und 2018 als Generalsekretär fungierte. Seine scharfe Kritik am modernen ökonomischen Denken veröffentlichte er in den Bestsellern *Ein Prozent ist genug* und *Die Wachstumslüge*. Sein Buch *CHANGE!* erscheint in internationaler Erstausgabe bei Komplett-Media. Der gebürtige Schotte lebt heute in der Schweiz.

Anmerkungen

Vorwort

1 Forgacs, D. (Hrsg.) (2000*): The Antonio Gramsci Reader: Selected Writings 1916-1935*. New York University Press
Hall, S./Massey, D./Rustin, M. (2015): *After Neoliberalism? The Kilburn Manifesto. Project Muse*. Lawrence & Wisehart, London. https://www.lwbooks.co.uk/sites/default/files/free-book/after_neoliberalism_complete_0.pdf
Maxton-Lee, B. (2018): »*Common Sense*« *Versus Good Sense: A Critical Analysis Of Forest Conservation And Deforestation In Indonesia*. Doctoral Thesis, City University of Hong Kong

2 Meadows, D./Meadows, D. H./Randers, J./Behrens, W. (1972): *The Limits to Growth: A Report for the Club of Rome's Project on the Predicament of Mankind*. Universe Books

Teil 1
Das Problem

3 Meadows, D./Randers, J./Meadows, D. (2006): *Grenzen des Wachstums – Das 30-Jahres-Update*. Verlag Hirzel, Stuttgart. S. 172

Teil 2
Was geschieht, wenn sich die Menschheit nicht ändert?

4 https://www.co2.earth/ (Stand 12. April 2018)

5 Global Carbon Budget Presentation 2017, Folie 44:
http://www.globalcarbonproject.org/carbonbudget/17/files/GCP_CarbonBudget_2017_eps.pdf

6 US National Oceanic and Atmospheric Association:
https://www.climate.gov/news-features/understanding-climate/after-2000-era-plateau-global-methane-levels-hitting-new-highs

7 Phys. org.: *Thawing permafrost produces more methane than expected*. März 2018. The Guardian, 20. Juli 2017: https://www.theguardian.com/environment/2017/jul/20/hell-breaks-loose-tundra-thaws-weatherwatch

8 US-Umweltschutzbehörde: https://www.epa.gov/climate-indicators/climate-change-indicators-atmospheric-concentrations-greenhouse-gases

9 EPA: https://www.epa.gov/ghgemissions/global-greenhouse-gas-emissions-data

10 Förderung, Raffination, Verarbeitung und Transport von Brennstoffen

11 Boden, T. A./Marland, G./Andres, R. J. (2017): *National CO₂-Emissions from Fossil-Fuel Burning, Cement Manufacture, and Gas Flaring: 1751-2014*. Carbon Dioxide Information Analysis Center, Oak Ridge National Laboratory, U.S. Department of Energy, doi 10.3334/CDIAC/00001_V2017

12 Basierend auf den globalen Emissionen im Jahr 2010. Bezüglich Einzelheiten zu den in diesen Schätzungen verwendeten Quellen siehe den Beitrag *Contribution of Working Group III to the Fifth Assessment Report of the Intergovernmental Panel on Climate Change* unter: https://repository.uneca.org/bitstream/handle/10855/22514/b10825526.pdf?sequence=1

13 https://www.theguardian.com/environment/2011/apr/21/countries-responsible-climate-change

14 Anders ausgedrückt: Falls die Welt nicht spätestens 2020 eine radikale Wende vollzogen hat, ist eine Zunahme der Durchschnittstemperatur um 1,5 °C unvermeidbar. Siehe: https://www.nature.com/news/three-years-to-safeguard-our-climate-1.22201

15 Stand am 7. Mai 2018: 410,31. Siehe: co2.earth

16 IPCC-Bericht 2014. Siehe auch: https://www.cicero.oslo.no/en/carbonbudget-for-dummies. Und: https://www.carbonbrief.org/analysis-only-five-years-left-before-one-point-five-c-budget-is-blown – verfasst 2015 unter Verwendung von NASA-Daten, wonach wir eine 66-prozentige Chance haben, unter 1,5 °C zu bleiben, wenn wir ab 2021 kein CO₂ mehr ausstoßen.

17 https://www.carbonbrief.org/analysis-four-years-left-one-point-five-carbon-budget Link zur Berechnung: https://docs.google.com/spreadsheets/d/1GJSvGUtvgQifLYM0CUVJywaaTd-SUJQjFq3qr5eC_Dzg/edit#gid=372766592

18 Der bisherige Anstieg der Meeresspiegel war weitgehend durch thermische Expansion bedingt. Gemäß dem IPCC tritt dies ein, wenn sich Wasser bei höherer Temperatur oder unter höherem Druck (d. h. in großen Tiefen) ausdehnt. Die Ursache war bisher also nicht eine Zunahme der Wassermengen. Die große Gefahr für die Zukunft ist die Eisschmelze, die das Wasservolumen der Meere zusätzlich erhöhen wird.

19 Rigaud, K, et al (2018): *Groundswell: Preparing for Internal Climate Migration*. World Bank, Washington, D.C. Siehe auch: *World Bank (2012,) Turn Down the Heat: Why a 4 °C warmer world must be avoided*. World Bank, New York

20 Kevin Anderson: »a 4 °C future [relative to pre-industrial levels] is incompatible with an organised global community, is likely to be beyond 'adaptation', is devastating to the majority of ecosystems, and has a high probability of not being stable« (Anderson 2011). Siehe: Dunlop, I./Spratt, D. (2017): *Disaster Alley. Climate Change, Conflict & Risk.* https://www.breakthroughonline.org.au/disasteralley

21 Kanter, J. (13. März 2009): *Scientist: Warming Could Cut Population to 1 Billion.* The New York Times https://dotearth.blogs.nytimes.com/2009/03/13/scientist-warming-could-cut-population-to-1-billion/

22 Kevin Anderson: »If you have got a population of nine billion by 2050 and you hit 4 °C, 5 °C or 6 °C, you might have half a billion people surviving« (Fyall 2009). Siehe: Dunlop, I./Spratt, D. (2017): *Disaster Alley. Climate Change, Conflict & Risk.* https://www.breakthroughonline.org.au/disasteralley

23 http://www.ccsassociation.org/why-ccs/

24 https://greenismything.com/2015/06/23/howmanytrees/

25 https://climate.nasa.gov/vital-signs/global-temperature/

26 Als »Stranded Assets« werden Vermögenswerte in der Bilanz bezeichnet, die aufgrund von neuen beziehungsweise unvorhergesehenen Regelungen oder Umständen an Wert verlieren. Bei den »Stranded Assets« handelt es sich hier um Kraftwerke und Raffinerien, die stillgelegt werden müssen, sowie um Rohstoffvorkommen, die von den Unternehmen nicht mehr genutzt werden dürfen. Da fossile Rohstoffvorkommen (Erdöl, Erdgas und Kohle) für die großen Branchenakteure die größten Aktivposten in der Bilanz darstellen, hätten diese Konzerne bei deren Wegfall ein riesiges Problem.

27 Drei Prozent der CO_2-Emissionen im Jahr 2017 (43 Gigatonnen)

28 Global Trends in Renewable Energy Investment Report 2018: http://fs-unep-centre.org/publications/global-trends-renewable-energy-investment-report-2018

29 Renewable Energy Policy Network for the 21st Century (REN21): https://unfccc.int/news/another-record-breaking-year-for-renewable-energy

30 https://renewablesnow.com/news/world-adds-98-gw-solar-70-gw-fossil-fuel-power-capacity-in-2017-608196/

31 IEA: https://www.iea.org/publications/wei2017/

32 Der Begriff der »quantitativen Lockerung« (*Quantitative Easing* oder kurz *QE*) stammt ursprünglich aus Japan, das diese Politik in den 1990er-Jahren einführte, später jedoch feststellte, dass sie nicht funktioniert habe. Wenn eine Zentralbank im Rahmen einer quantitativen Lockerung Geld druckt, gelangt Geld in Umlauf, indem die Bank Anleihen von Anleiheinhabern ankauft. Die Zentralbank hält nun diese Anteile, während die ehemaligen Anleiheinhaber mehr flüssige Mittel zur Verfügung haben. Diese suchen nun nach Anlagemöglichkeiten, die eine höhere Rendite versprechen, als die Bank an Zinsen zahlt. Falls in der Wirtschaft eine nicht bediente Nachfrage besteht, investieren sie vielleicht in neue Fabriken oder Einzelhandelsbetriebe – darauf hofft die Regierung. Besteht aber kein

solcher Nachfrageüberhang, sondern nur eine hohe Überkapazität wie nach 2008, sehen sich die ehemaligen Anleiheinhaber in der Regel nach anderen Investments mit besseren Renditeaussichten um: Immobilien, Aktien, Kunst, Metalle etc.

33 Victor, P. A. (2014): *World Bank data for high income countries*. Siehe auch: Victor, P. A. (2018): *Managing without Growth. Slower by Design, not Disaster*, Edward Elgar Publishing, 2. Auflage, Abb. 2.1

34 Basierend auf Randers 2052, kumulierte Wachstumsrate (CAGR) von 2015 bis 2035, bei einem BIP-Anstieg in der reichen Welt (OECD) von 37 Billionen auf 41,5 Billionen US-Dollar.

35 Vitali, S./Glattfelder, J. B./Battiston, S.: *The network of global corporate control*: https://arxiv.org/PS_cache/arxiv/pdf/1107/1107.5728v2.pdf

36 http://adage.com/article/cmo-strategy/10-companies-social-responsibility-core/143323/

37 https://www.smartrecruiters.com/blog/top-20-corporate-social-responsibility-initiatives-for-2017/

Teil 3
Die Welt braucht eine radikale Wende

38 Meadows, D./Meadows, D. H./Randers, J./Behrens, W. (1972): *The Limits to Growth: A Report for the Club of Rome's Project on the Predicament of Mankind*. Universe Books, S. 150

39 »We are all birds of a feather, and would suffer the fate of endangered species unless we join hands and work together.« (Quelle: persönliche E-Mail)

40 Moatsos, M., et al. (2014): *Income inequality since 1820*. In: van Zanden, J., et al. (eds.): *How Was Life?: Global Well-being since 1820*, OECD Publishing, Paris, https://doi.org/10.1787/9789264214262-15-en

41 siehe: https://www.overshootday.org/content/uploads/2015/07/How_many_earths_2017_german.jpg

42 Der ökologische Fußabdruck ist ein Maß für den Ressourcenverbrauch und die Umweltverschmutzung der Menschheit im Vergleich dazu, was nachhaltig wäre. Heute verbraucht die Menschheit das 1,7-fache der Ressourcen, die weltweit nachhaltig ersetzt werden können. Sie verursacht auch mehr Verschmutzung, als die Natur absorbieren kann. Ein derartiger »Overshoot« ist nur kurzfristig möglich, ein paar Jahrzehnte lang vielleicht. Ermittelt wird diese Kennzahl vom Global Footprint Network. Dieses Netzwerk berechnet, wie viel Erdfläche eine bestimmte Bevölkerung benötigt, um ihren Ressourcenverbrauch zu decken und ihre Abfälle zu absorbieren, insbesondere Kohlendioxidemissionen.

43 Lord Stern (2016), in: Dunlop, I./Spratt, D. (2017): *Disaster Alley. Climate Change, Conflict & Risk*. S. 8

44 Žižek, S. (2008): *Defense of Lost Causes*. Verso

45 George Monbiot im Gespräch mit George Lakoff in *The Guardian* (2014): »If you adopt the language and values of your opponents you lose because you are reinforcing *their frame*«. Siehe: https://www.theguardian.com/commentisfree/2014/apr/22/price-natural-world-agenda-ignores-destroys

46 Costanza et al. (2014): *Changes in the global value of ecosystem services.* In: *Global Environmental Change 26.* S. 152–158

47 »Degrowth«, also das Gegenteil von »Growth«, bedeutet, dass die Wirtschaft auf eine nachhaltige Größe geschrumpft werden muss, bei gleichzeitiger Erhaltung oder Verbesserung des Wohlergehens der Bevölkerung. Großteils geht es darum, Konsum und Produktion zu reduzieren, eine ausgewogenere, langfristig stabile Wirtschaft und eine zufriedenere Gesellschaft zu erreichen und vom Fokus auf Wirtschaftswachstum wegzukommen.

48 https://www.catholicnewsagency.com/news/pope-francis-explains-why-your-money-wont-save-you-42229

49 https://www.theguardian.com/world/2015/jul/10/poor-must-change-new-colonialism-of-economic-order-says-pope-francis

50 Siehe: https://transitionnetwork.org/ oder auch: https://www.transition-initiativen.de/

51 https://www.theguardian.com/environment/climate-consensus-97-per-cent/2017/aug/07/fossil-fuel-subsidies-are-a-staggering-5-tn-per-year

52 http://databank.worldbank.org/data/download/POP.pdf

53 Quelle: IATA, World Air Transport Statistics, 2017. Siehe: https://www.ryanair.com/content/dam/ryanair/2017/tv-campaign/WATS-2017.pdf auf Seite 43, Tabelle »World Scheduled Passenger and Cargo Traffic 2016«

54 Carbon Majors Database, CDP Carbon Majors Report, 2017

55 www.shrinkthatfootprint.com/electric-car-emissions

56 www.wired.com, Tesla's electric cars aren't as green as you might think, März 2016

57 Siehe Studie des schwedischen Umweltinstituts (IVL) für die schwedische Verkehrsbehörde (Trafikverket), 2017 (aufgerufen am 2.8.2018 unter: http://www.climatedepot.com/2017/06/12/new-study-large-co2-emissions-from-batteries-of-electric-cars/)

58 Für jeden Dollar, den die USA im letzten Jahr in erneuerbare Energien investierte, hat China drei US-Dollar investiert. Quartz Media, April 9, 2018. https://qz.com/1247527/for-every-1-the-us-put-into-renewable-energy-last-year-china-put-in-3/

59 Siehe Nair, C.: *The west can't fix the climate crisis. Asia will have to do it.* In: *The Guardian.* Dezember 2017

60 Apostolisches Schreiben, EVANGELII GAUDIUM, 2013; siehe: http://w2.vatican.va/content/francesco/de/apost_exhortations/documents/papa-francesco_esortazione-ap_20131124_evangelii-gaudium.html

61 Wall Street Journal, August 2016: https://www.wsj.com/articles/pope-francis-urges-poles-to-embrace-migrants-on-final-day-of-visit-1469963264

62 Apostolisches Schreiben, EVANGELII GAUDIUM, 2013: http://w2.vatican.va/content/francesco/de/apost_exhortations/documents/papa-francesco_esortazione-ap_20131124_evangelii-gaudiu m.html

63 In der Volkswirtschaftslehre ist eine Externalität (auch externer Effekt genannt) die Folge einer Aktivität, die entweder unvorhergesehen war oder bewusst ignoriert wurde. Eine Externalität kann positiv oder negativ sein. Eine negative Externalität aus der Verbrennung fossiler Rohstoffe ist zum Beispiel, dass Chemikalien und Schadstoffe in die Atmosphäre gelangen. Diese verursachen Atemprobleme und gehören zu den Hauptgründen des Klimawandels. In der aktuellen Praxis ignorieren Unternehmen diese Kosten. Sie werden im Allgemeinen auch von Ökonomen ignoriert und in Berechnungen des BIPs nicht berücksichtigt. Das ist aber nicht das, was Adam Smith, der Begründer der modernen Volkswirtschaftslehre, im Sinn hatte. Er sagte, dass alle Kosten einbezogen werden sollten.

64 https://www.gov.uk/government/publications/charity-register-statistics/charity-register-statistics-for-previous-years-charity-commission#to-2008

65 http://nccs.urban.org/data-statistics/quick-facts-about-nonprofits

66 http://www.urban.org/research/publication/nonprofit-sector-brief-2015-public-charities-giving-and-volunteering

67 Randers, J.: *2052*. Chelsea Green Publishing, 2010, S. 82–89

68 Mit Dank an meinen guten Freund Chandran Nair, The Global Institute for Tomorrow

69 Debt Relief under Heavily Indebted Poor Countries (HIPC) Initiative, IMF, April 2016

70 Datenbank der Ernährungs- und Landwirtschaftsorganisation der Vereinten Nationen (FAO), Artikel vom August 2017. https://ourworldindata.org/meat-and-seafood-production-consumption
Siehe auch: http://www.worldwatch.org/global-meat-production-and-consumption-continue-rise

71 https://nordborg.ch/climate/consumer-strike/

Teil 4
Neue Fundamente errichten

72 Passus (leicht adaptiert) aus der Rede des Rt Hon James Maxton MP vor dem britischen Parlament, 1933. Siehe McNair, J.: *James Maxton – The Beloved Rebel*. Allen & Unwin, London 1955, S. 222–223

73 Demokratie kommt vom altgriechischen Wort *demokratia* = Herrschaft des Volkes; *demos* (Volk), *kratein* (herrschen)